会計・ファイナンス入門

第３版

ACCOUNTING
&
FINANCE

鯖田 豊則

はしがき

本書は，会計とファイナンスの両方につき，はじめて学ぶ方のための入門書である。会計だけの入門書や，ファイナンスだけの入門書は，それぞれ，書店に行くと，結構多くの種類のものが店頭に並べられているのに気がつくことであろう。しかし，会計とファイナンスの両方の分野につき，概説的な入門書として出版されているものはほとんど見かけない。

中学校や高校の生徒会活動などにおいて，会長，副会長といった役職以外に，書記や会計担当が設けられる。書記は，会議の議事録を作成し，どんな事項につき話し合われたかを記録し，後日，その内容を確認できるように記録を保存管理する役目を果たす。一方，会計は，いわゆる出納の役割で，活動に必要な資金の管理，支出の管理など，いわば金庫番の役割を果たす。このように，一般的に，会計といえば，お金やその計算というイメージを持たれている。

しかしながら，会計は，英語でアカウンティング（accounting）というが，accountは説明する，報告する，言い訳するといった意味である。つまり，ある組織（団体，会社など）活動において，運営を任された人が，運営を任せた人に，託されたお金の運用（使い道）の結果を報告することが会計にほかならない。つまり，会計，お金を扱っていることよりは，報告を行うシステム（しくみ）であることがその本質である。つまり，会計は，経済活動を記録，計算，報告するしくみにほかならない。

一方，ファイナンスは，日本語では財務や金融と呼ばれ，財務は財政（お金）に関する事務の意味，金融はお金の融通の意味，いずれにせよお金に関することを意味する。ファイナンスは，financeのことであるが，その語源はラテン語のfinであり，finは終わり，最後を意味するが，要するに，人々は，揉めごとや争いごとが生じたときに，最後はお金で解決することを意味するとされる。したがって，ファイナンスは，お金の調達や運用に関する考え方を扱う学問とされる。

このように，会計は，活動成果の結果報告，つまり過去を取り扱う。一方，ファイナンスは，今後の資金の動向につき意思決定を行う際の考え方であり，現在から未来のことを扱う。したがって，会計とファイナンスは，対象とする時間軸が異なる。

しかし，そうはいうものの，ファイナンスにおいて，お金に関する将来の意思決定を行う際には，現状（含む過去）の情報も必要である。そういう意味で会計の提供するデータ，つまり会計情報は非常に有用である。また，会計のなかでも，外部報告者に情報を提供する制度会計（財務会計）においては，会計数値は，貨幣単位，つまり金額表示される。お金が報告の基準であり，お金との結びつきが強い。

このように，会計とファイナンスは，車の両輪として，ビジネスの世界においては重宝されている。

本書の初版（2009年発行）では全15章で構成されていて，第２版（2015年発行）では，新たに第15章として，「財務諸表の実例（オリエンタルランドと浦和レッズ）」を加筆し，「会計・ファイナンス関連の各種資格をとろう」を第16章に移した。第15章は，財務分析の講義で，実際の財務諸表を見たことがないという大学生が多く，自分が覚えた仕訳の知識が，実際の財務諸表を読みとくことで，どのように使われているかを理解できると，新たな会計に対する見方ができ，非常におもしろかったという学生のコメントが多かったことを反映したものである。今回の第３版では，第17章「現代会計観」を追加した。会計の細かいルールの解説ではなく，国際財務報告基準（国際会計基準）が，よくＭ＆Ａ（企業買収）の会計といわれるのはなぜかという話などである。

本書は，金融機関（信託銀行と証券会社）で，各種資格をいかしながら，会計関連コンサルティングを実践してきたことをベースに平易に解説している。

読者各位の会計とファイナンスの知識向上にお役に立てれば幸甚である。

2020年９月

鯖田　豊則

CONTENTS

第4章　財務会計（制度会計）

第5章　税 務 会 計

第6章　管 理 会 計

第7章　監査とは，第三者の書類の証明である

第12章　お金の価値とは何か（金利）

第13章　コーポレートファイナンス

第14章　パーソナルファイナンス

第15章　財務諸表の実例（オリエンタルランドと浦和レッズ）

第16章　会計・ファイナンス関連の各種資格をとろう

第17章　現代会計観

第1章 会計とは報告することである

1　会計とはアカウンティング（accounting）

会計というと，勘定とか，お金というイメージが強い。たとえば，中学校や高等学校で生徒会の役員を決める場合，生徒会長あるいは副会長のほか，書記や会計の役職を決めることがある。生徒会長が全体のリーダー（長）であるほか，副会長は２番目のリーダーであり，書記は会議録を作成し，記録して保管するのが務めである。一方，会計は，生徒会の運営に必要な金銭を預かり，当初決めた予算の範囲内において，お金を適切に支出し，管理することが仕事となる。そのため，お金に関する仕事を行う金庫番としてのイメージが強いと思われる。

しかし，実際は，会計とは，依頼者から何らかの仕事を頼まれた人が，頼まれた仕事を果たし，完了したことを依頼者に説明するための記録文書作成の手段（ツール）である。

会計は，英語でアカウンティング（accounting）というが，説明する，報告する意味のアカウント（account）の派生語からきているのである。アカウンティング（accounting）から，ア（ac）をとると，カウンティング（counting）となるが，これは，数を数える，つまり計算するという意味で，会計とは区分される。

なぜ報告が必要なのか。それは，人間は１人ですべてのことを行うことができないからである。

他人に何かあること（仕事）を依頼する。その仕事を依頼するには，財産を預けたり，仕事の結果に対して金銭（報酬）を支払う。依頼者（仕事を頼んだ人）は，受託者（仕事を請け負った人）から，仕事を適切に行ったことの報告を受けることで，報酬等を支払うことができることになる。

2　会計と会社制度―法律も知ろう

世界史の授業では，東インド会社が資本主義の典型として取り上げられている。東インド会社は，イギリスのものが有名であるが，オランダなど他の国もある。東インド会社は，東インド地域での貿易ビジネスを目的に，当時誕生した株式会社制度を採用して設立されたものである。

何か，大きなビジネス（商売）を行う場合は，できるだけたくさんのお金が必要である。たとえば鉄道，電力会社など生活基盤に必要な事業が考えられる。

生活基盤の整備は，よくインフラ整備といわれるが，インフラは，インフラストラクチャ（infrastructure）の略称である。この場合，1人ずつの資金が少額であっても，たくさんの人が出資すれば，大きな資金を集めて，事業に投じることができる。これが，株式会社制度の重要な特徴の1つである。また，支払った金額以上の追加出資を求められないことを，有限責任という。これも株式会社の特徴である。

平成18年の会社法の制定においては，商法から会社に関する法律の一部が独立し，会社だけに関する法律が定められた。

よく六法というが，これは基本的な6つの法律をさす。わが国の法律のうち，基本的な6つの法律は，憲法，刑法，民法，商法，民事訴訟法，刑事訴訟法である。このうち，憲法は，国の基本法であり，国を定める約束ごととされ，小学校や中学校の義務教育において学んでいる。刑法は，犯罪とそれに対する刑罰を定める法典である。そして，刑事訴訟法は，刑法の規定により犯罪とされた内容につき，実際どのような捜査や裁判を行うかを規定する。

一方，民法や商法は，いずれも私法と呼ばれる分野の法律で，民法は，市民生活における市民相互の関係，たとえば，財産関係，家族関係を規定する法律である。商法は，商売を行う商人とその取引の相手方に適用される法律である。民事訴訟法は，民法で制定された権利を実現するための民事手続きを規定している。

株式会社に関する法律は，この商法から独立した会社法で規定されている訳だが，会計やファイナンスを勉強するうえにおいては，特に民法や商法について知っておいたほうが好ましい。

ところで，お金を提供することはできても，鉄道会社等の仕事を行うノウハウ（知識）を，出資者（これを株主という）が全員有しているわけではない。そこで，実際の会社の運営を行う人（これを経営者という）を決めて，その仕事を任せるのが，株式会社制度の特徴である。経営者は株主のなかから選んでいいし，全く株主ではない第三者に頼んでもかまわない。すなわち，経営者は，株主（あるいは会社自体）から報酬をもらって仕事を委任されることになる。

経営者は自分自身も株主であれば，当然出資したお金を増やすように努力するだろうが，経営者自身が株主でなければ，会社を大きくするよりは，自分自身の給料だけもらえる程度の仕事しかしない可能性がある。つまり，会社の経営を適切に行うよりは，会社のお金を使って，自分自身がメリットを受けることだけに努力する危険性（リスク）がある。そこで，経営者から会社の仕事を適切に行っている旨の報告を出資者達は求めることになる。これが，（会計）報告である。会計で経営者の不正の有無がチェックできる。

3　会計の歴史は会社の歴史

会計，特に企業会計は，企業，すなわち会社の歴史とともに発達してきた。そこで，会社（企業）について学ぼう。

企業は，以下のように区分される。

企業は同種の事業を継続的かつ計画的に行っている団体であるが，国や地方公共団体が公共の福祉を図るために運営している企業（公企業）と，民間が利益を得るために営む企業（私企業）に区分できる。また，主体により，個人が営む企業（個人企業）と，法律上権利義務を認められた団体である法人が営む企業（法人企業）に区分できる。

会社は，通常，法人企業のことで，法的にも営利を追求する社団法人である。すなわち，営利性，社団性，法人性が会社の要件とされる。このように，何らかの事業を行いたい人が，資金と労働力を募り（拠出し），事業を行うことによって付加価値を形成する場が会社にほかならない。

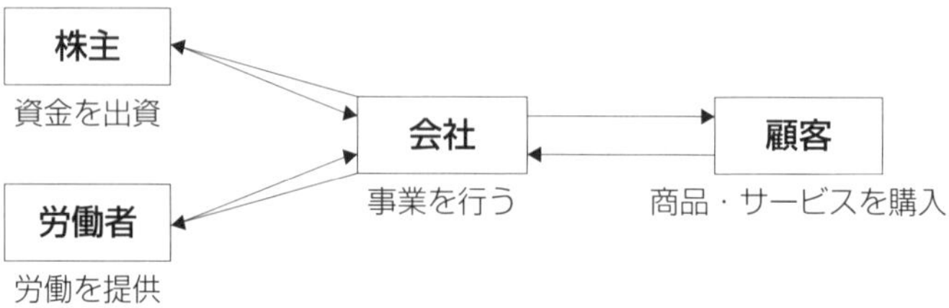

また，平成18年会社法制定前の旧商法では，合名会社，合資会社，株式会社という3つの会社を認めていた。また，有限会社法という独自の法律で，有限会社を認めていた。ここでいう社員とは法的用語の出資者という意味で，一般日常に使われている社員である会社に勤務する従業員（雇用者）とは区別される。合名会社は無限責任社員のみで構成され，合資会社は，無限責任社員（出資および経営する）と有限責任社員（出資のみ）の両方で構成される。

株式会社は，有限責任社員のみで，出資者以外を取締役として経営委任可能（所有と経営の分離）であり，株式の発行（資本の証券化）も可能である。

有限会社も，同じく有限責任社員のみであるが，出資者50人以下，株式発行不可，社債調達不可など制限が多い。有限会社は，平成18年4月施行の新会社法で新規に設立することはできなくなった。

会社法は，かわりに，有限責任社員のみで構成される合同会社を新たに設けた。合同会社は，株主総会がないので，迅速な意思決定が可能なほか，株式会社と異なり，決算公告の義務もない。

4　企業形態の歴史

企業は，個人企業→合名会社→合資会社→株式会社の順序で発展してきた。

個人企業は，個人の個性や人格に多くを依存する。また，個人の過去の蓄積に元入額（元手・資本）が限界される。そのため，その発展が，個人の才腕，信用，病気，死亡で限界となり，相続財産分割の危険もある。

合名会社は，中世の陸上商業で用いられた血縁的結合（ソキエスタ）の影響でできた。中世商業都市で，父の事業を相続した息子達の共同相続団体が出発点で，家族共同体的連帯責任原理を有する。出資者それぞれが第三者に対して企業を代表し，企業経営は全社員の合議制である。比較的危険の少ない安定した事業を少数で行うのに適していて，パートナーシップ制が特徴である。

合資会社は，10から15世紀のイタリアおよび北欧の海商都市で行われたコンメンダから誕生した。全危険を引き受ける無限責任の冒険商人と，有限責任で貨幣や商品を委託する無機能的出資者が結合した会社である。有限責任社員は，出資に対して，利潤の一部を配当として与えられるにすぎない。

このように，合名会社は「相互の人的信頼の低下，高年齢・不健康，追加出資困難」の限界，合資会社は「資本規模の拡大に加えて，無限責任社員は合名会社と同様の理由」の限界をそれぞれ有している。

5　有限責任と無限責任

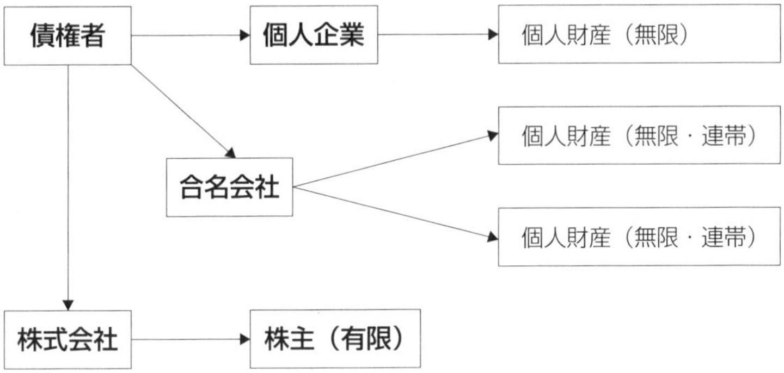

上図の個人財産（無限）とは，個人企業の場合，個人財産ですべて限りなく弁済しなければならないことを意味する。また，合名会社の場合，複数（2人以上）の社員（出資者）がいるが，個人財産（無限・連帯）の連帯とは，自分の出資持分に応じて弁済するのではなく，債権者から全額弁済を求められた場合，いったん全額弁済しなければならず，あとの負担は，社員（出資者）間で調整するというしくみである。

このように，無限・連帯責任だと，会社への出資の引き受け手がいなくなってしまう。そこで，考案されたのが有限会社のしくみである。

有限会社，すなわち，株式会社は，イギリスやオランダの東インド会社がルーツである。株式会社（大会社）と有限会社（中小会社，閉鎖会社）は規模の違いで区分される。平成18年会社法で廃止される前の有限会社は，資本金300万円，取締役１人以上，取締役任期定めなし，社員50人以下とされ，社員の地位譲渡は社員総会承認事項であった。株式会社は，資本金1,000万円，取締役３人以上，取締役任期２年（再任可），社員数無制限であり，社員の地位（持分）譲渡は，定款に定めなければ，自由であった。

なお，イギリスでは，public company（公開会社），private company（私会社・閉鎖会社・非公開会社），ＰＬＣ（株式会社 public limited company 公開で有限責任の会社）といった区分がされている。米国では，public corporation（公法人），private corporation（民間法人），stock corporation（株式会社）などがある。

COLUMN

会　　社

会社は英語でカンパニー（company）というが，カンパニーはもともと，仲間，ひとのつながりという意味である。よく，会社のために働くというが，本当にそうだろうか。個人ならやらないことが，会社で働いている場合は，法を犯してでも行われることがある。しかし，会社は最後まで，自分の面倒をみてくれるだろうか。昔は何から何まで会社まるがかえであった。リクレーションも会社の運動会，住居も会社の社宅，昼食も会社の食堂と。しかし，時代は変わった。会社の食堂を廃止し，社内にコンビニの店舗が営業している会社もある。同じ会社に最後まで勤務する終身雇用制も減少している。

もともと，就職とは，就社（会社にはいること）ではなく，職業に就くことである。自分の好きな適性のある仕事で社会貢献を目指そう。

理解度確認の問題

今日，私たちがさまざまな財やサービスを享受できるのは，（　①　）というしくみなしには考えられない。1600年代初頭，帆船による貿易事業には，大きなリスクが存在したため，資本家にとって多額の資金をつぎ込むのは一種の賭けであり，危険な投機的行為であった。（　①　）制度がはじめて設けられたのは，イギリスおよびオランダの（　②　）である。これらの会社は，株式を発行して出資者を募り，仮に会社が倒産しても，出資者の法的責任はその出資金の範囲内にとどめられるしくみとした。この出資者の責任が出資金の範囲に限定されていることを有限責任という。また，株式を自由に譲渡ないし売買することを認めることによって，株主は市場で資金の回収ができ，株主のリスクはさらに低減され，出資がしやすいしくみとなった。このように，（　①　）は多数の出資者から出資金を集めやすい有利さをもち，20世紀に飛躍的に発展した。

同種の事業を継続的かつ計画的に行っている団体を企業と呼ぶが，企業は，その目的により公共福祉目的の（　③　）と利潤追求目的の（　④　）に区分される。資本主義社会では，利潤追求目的の（　④　）が企業の中心であることは言うまでもない。（　④　）には個人が営む（　⑤　）と，法律上権利義務を認められた団体である法人が営む（　⑥　）がある。

（　⑤　）は（　⑦　）とも呼ばれ，（　⑥　）も会社と呼ばれるが，わが国の法律では，４つの会社形態を認めている。（　⑧　）は，（　⑨　）人以上の無限責任を負う出資者（社員）が共同で経営にあたる。（　⑩　）は，出資のみで経営に参加しない有限責任社員と，出資および経営に参加する無限責任社員で構成されていて，異なる出資形態の社員の出資を合わせるという特徴がある。（　①　）は，責任が出資額に限定されている有限責任社員のみで構成されているが，かつては，社員数が（　⑪　）名以下に限定されている（　⑫　）という会社が認められていた。現存のものは，有効であるが，新たに設立することはできない。また，合同会社は平成18年の会社法で認められた。

選択肢

A	株式会社	G	自営業
B	合資会社	H	私企業
C	合名会社	I	公企業
D	有限会社	J	東インド会社
E	50	K	個人企業
F	2	L	法人企業

解答と解説

①A　②J　③I　④H　⑤K　⑥L　⑦G　⑧C　⑨F　⑩B　⑪E　⑫D

合名会社の解散理由：社員１名。もう１人追加すればＯＫ（人的会社）

合資会社の解散理由：有限責任社員０名。無限責任社員２名なら合名に変更可

有限会社，株式会社：出資者１名で存続可（物的会社）

COLUMN

人的会社と物的会社

会社は人的会社と物的会社に区分できる。人的会社とは，合名会社，合資会社のように，無限責任社員，すなわち，人が信用の基礎となる会社をいう。一方，物的会社は，会社と社員の関係が希薄で，資本金といった会社財産に活動と信用の基礎が置かれている会社で，株式会社や従来の有限会社をいう。

第2章 簿記とは，会計に必要な技術

1　こづかい帳と仕訳帳の違い

簿記とは，帳簿記入の略称であり，企業活動を金銭面から記録・計算・整理して，その原因と結果を明らかにする技術である。この意味において，簿記は理論ではなく，アート（技術）といわれることが多い。こづかい帳に記入するのも（単式）簿記である。複式簿記が通常で，複式とは，２つの要素（車買う，お金減る），つまり原因と結果で記入する方法，単式では１つの要素（車買った）という原因のみ記入する方法である。会計を勉強するには，必要不可欠な技術である。たとえば，こづかい帳（現金出納帳）では，次のように記入される。

日　付	収　入	支　出	残　高	摘　要
9月1日	100,000		100,000	アルバイト収入
9月2日		50,000	50,000	パソコン購入

これからわかることは，現金の有り高が50,000円と，その増減の理由のみにすぎない。現金出納帳のネーミングから明らかなように，現金の出入りが中心に記帳される。一方，複式簿記では，仕訳帳に次のように記入される。

日　付	借方科目	金　額	貸方科目	金　額
9月1日	現　金	100,000	収入（アルバイト）	100,000
9月2日	備品（パソコン）	50,000	現　金	50,000

また，仕訳帳から，結果として，次のような残高帳が作成される。

現　金	50,000	収　入	100,000
備　品	50,000		
合　計	100,000	合　計	100,000

仕訳帳とは，取引の内容を会計的に表したものである。残高帳からは，この2日間で，収入が100,000円得られて，うち50,000円は備品（パソコン）購入に使い，現金が50,000円残っていることがわかる。会計を学ぶには，この複式簿記の知識を身につけることが重要である。

2　複式簿記のルール

簿記は，金銭的価値のあるものを対象に記録を行うが，全部で5つの分類が行われる。

財産を把握するのに，資産，負債，資本の3分類，損益を把握するのに，収益と費用の2分類である。資産は，積極財産あるいはプラスの財産であり，負債は，消極的財産あるいはマイナスの財産である。負債の具体例には借金がある。資本は，資産から負債を差し引いたもので，具体的には元手が該当する。

収益は収入，費用は支出で把握できるが，それぞれ収入がそのまま収益，支出が費用となる訳ではない。

簿記の基本は，仕訳に始まり，仕訳に終わるとされるが，通常の取引（経済取引）を，どのように簿記上の取引として認識するかが仕訳の考え方といえる。複式簿記においては，取引をプラスとマイナスの2面性で把握するため，次のように仕訳される。

仕訳のルール	借方（左側）	貸方（右側）
資　産	増加（＋）	減少（－）
負　債	減少（－）	増加（＋）
資　本	減少（－）	増加（＋）
収　益	減少（－）	増加（＋）
費　用	増加（＋）	減少（－）

仕訳は，仕訳伝票として起票されるか，あるいは仕訳帳に記入され，最終的には，勘定科目ごとに元帳（総勘定元帳）に転記される。勘定科目ごとに，現金口座，当座預金口座といった口座を開き，取引を借方（かりかた），貸方（かし

かた）別に記帳・計算することができ，１冊の帳簿に口座を開設したすべての勘定が記帳されることから，総勘定元帳と呼ばれる。具体的に，以下の会社の例を仕訳にしてみよう。

[取引]

①　４月１日　現金50,000千円を元入れして営業を始めた。
②　４月２日　陳列台などの備品を現金10,000千円で購入した。
③　４月３日　大阪商店から商品15,000千円を仕入れ，掛けとした。
④　４月４日　京都商店へ商品20,000千円を販売し，代金を掛けとした。
⑤　４月５日　地元金融機関から，運転資金として現金25,000千円を借り入れた。
⑥　４月６日　大阪商店の掛け代金15,000千円を現金で支払った。
⑦　４月７日　京都商店の掛け代金20,000千円を現金で回収した。
⑧　４月30日　借入金の利息100千円を現金で支払った。
⑨　４月30日　月末の商品在庫は5,000千円であった。

[仕訳]（簡便な仕訳帳例）　単位：千円

	借方科目	金　額	貸方科目	金　額
①	現　　金	50,000	資 本 金	50,000
②	備　　品	10,000	現　　金	10,000
③	仕　　入	15,000	買 掛 金	15,000
④	売 掛 金	20,000	売　　上	20,000
⑤	現　　金	25,000	借 入 金	25,000
⑥	買 掛 金	15,000	現　　金	15,000
⑦	現　　金	20,000	売 掛 金	20,000
⑧	支払利息	100	現　　金	100
⑨	商　　品	5,000	仕　　入	5,000

[仕訳の解説]

① 営業開始の当初の元手は，資本金として計上する。その分，現金という財産が増加している。

② 営業に必要な備品（資産）が増加している一方で，その支払のため現金（資産）が減少している。

③ 営業に必要な商品を仕入れているが，ここでは，商品（資産）という科目を使わずに，仕入という費用勘定で記録している。そのため，決算（帳簿を締め切る）にあたっては，売れなかった商品在庫の把握が必要となる。仕入れ代金は掛け（つけのこと）で未払いのため未払金となるが，商品仕入れの未払い金は，買掛金（かいかけきん）として記録される。

④ 仕入れた商品を売却しているが，ここでは，売却金額の全額を売上という収益勘定で記録している。実際はいくらで仕入れたものを売ったかがわかれば，この段階で売却益の計算ができるが，ここでは，特に区分していない。なお，売却代金は掛けで未収入であり未収入金となるが，商品売却の未収入金は，売掛金（うりかけきん）として記録される。

⑤ 借入金（負債）の増加と，現金（資産）が増加している。

⑥ 買掛金（負債）の減少と，現金（資産）が減少している。

⑦ 売掛金（資産）の減少と，現金（資産）が増加している。

⑧ 支払利息（費用）の増加と，現金（資産）が減少している。

⑨ 仕入れた商品のうち，在庫として残っているものを区分し，商品（資産）として計上している。その分だけ，仕入れ（費用）が減少している。

なお，元帳への転記を前提とした詳細な仕訳帳は以下のようになる。

月　日	摘　　要	元　帳	借　方	貸　方
4／1	（現金）	1	50,000	
	（資本金）	21		50,000
	営業開始			
4／2	（備品）	4	10,000	
	（現金）	1		10,000
	陳列台購入			
4／3	（仕入）	31	15,000	
	（買掛金）	11		15,000
	大阪商店から仕入れ			
4／4	（売掛金）	2	20,000	
	（売上）	41		20,000
	京都商店に売上げ			
4／5	（現金）	1	25,000	
	（借入金）	12		25,000
	銀行から借入れ			
4／6	（買掛金）	11	15,000	
	（現金）	1		15,000
	大阪商店の買掛金支払い			
4／7	（現金）	1	20,000	
	（売掛金）	2		20,000
	京都商店の売掛金回収			
4／30	（支払利息）	32	100	
	（現金）	1		100
	金融機関への利息支払い			
4／30	（商品）	3	5,000	
	（仕入）	31		5,000
	商品在庫の計上			

各勘定（元帳）への転記（T勘定方式）

1 現金

4／1 資本金 50,000	4／2 備品 10,000
4／5 借入金 25,000	4／6 買掛金 15,000
4／7 売掛金 20,000	4／30 支払利息 100

2 売掛金

4／4 売上 20,000	4／7 現金 20,000

3 商品

4／30 仕入 5,000	

4 備品

4／2 現金 10,000	

11 買掛金

4／6 現金 15,000	4／3 仕入 15,000

12 借入金

	4／5 現金 25,000

21 資本金

	4／1 現金 50,000

31 仕入

4／3 買掛金 15,000	4／30 商品 5,000

32 支払利息

4／30 現金 100	

41 売上

	4／4 売掛金 20,000

理解度確認の問題

以下のような現金元帳につき，現金残高を求めるとともに，どのような取引（仕訳）が行われかを考えてみよう。（単位：千円）

1　現　　金

4／1　資本金　10,000	4／2　備　　品　5,000
4／5　借入金　20,000	4／6　買掛金　10,000
4／7　売掛金　15,000	4／30　支払利息　200

解答

現金残高　29,800千円　借方合計（10,000＋20,000＋15,000）－貸方合計（5,000＋10,000＋200）

取引（仕訳）

①　4月1日　現金10,000千円を元入れして営業を始めた。

②　4月2日　陳列台などの備品を現金5,000千円で購入した。

③　4月5日　金融機関から，運転資金として現金20,000千円を借り入れた。

④　4月6日　掛け代金10,000千円を現金で支払った。

⑤　4月7日　掛け代金15,000千円を現金で回収した。

⑥　4月30日　借入金の利息200千円を現金で支払った。

[仕訳]

単位：千円

	借方科目	金　額	貸方科目	金　額
①	現　　金	10,000	資 本 金	10,000
②	備　　品	5,000	現　　金	5,000
③	現　　金	20,000	借 入 金	20,000
④	買 掛 金	10,000	現　　金	10,000
⑤	現　　金	15,000	売 掛 金	15,000
⑥	支払利息	200	現　　金	200

COLUMN

三式簿記

簿記には単式簿記と複式簿記があることは説明した。しかし，日本人で初のアメリカ会計学会会長（1982～1983年）になられた井尻先生（カーネギーメロン大学教授）は，三式簿記という新しい考え方をだされた。井尻先生は，物理学の概念を会計学に取り入れて，利益の時間に対する変動率（利益の速度＝利速）を測定し，簿記を３次元の世界で構成しようとされている。利速の考え方は，現在の利益など業績の結果は，過去の設備投資など前任者の業績のおかげか，あるいは，現経営者が何か新たな手段を講じた結果の成果などを表す。具体的には，井尻雄士『利速会計入門』日本経済新聞社・1990年，『三式簿記の研究』中央経済社・1984年を参照のこと。このように，一流の学者は，業際（学問の領域）に捉われず，さまざまな学問を応用して研究をされている。大学生活では，幅広く学ぶことを痛感させてくれる事例といえよう。なお，2014年刊行の石川純治『揺れる現代会計』（日本評論社）には井尻先生と石川先生の会計理論についての対談が収録されている。

第3章 財務諸表の作成

1　財務諸表

財務諸表とは，企業情報の開示（ディスクロージャー）を目的に作成される。基本的な財務諸表として，貸借対照表，損益計算書，キャッシュフロー計算書，株主資本等変動計算書などがある。

貸借対照表（たいしゃくたいしょうひょう）は，企業の財政状態を明らかにするために，貸借対照表日におけるすべての資産，負債および資本を記載し，株主，債権者その他の利害関係者にこれを正しく表示するものでなければならない。すなわち，貸借対照表日という一定時点における企業の財政状態を一覧にしたものである。貸借対照表は，バランスシート（Balance Sheet），ビーエス（B／S）とも呼ばれる。

注意：貸借対照表であり，貸借対象表ではない。これは，借方と貸方を照らし合わせて作成されるからである。財政状態ではなく，財務状態を明らかにするでもかまわないが，わが国の会計の基本的ルールである企業会計原則において，貸借対照表の本質は，企業の財政状態を明らかにすると規定されているので，一般に，財政状態が使われている。

貸借対照表上では，資産と，負債＋資本が必ず同額になる。

資産＝負債＋資本（貸借対照表等式）　資産－負債＝資本（資本等式）

損益計算書は，企業の経営成績を明らかにするために，一定期間に属するすべての収益とこれに対応するすべての費用とを記載して経常利益を表示し，これに特別損益に属する項目を加減して当期純利益を表示する。すなわち，一定期間における企業の成果（収益）と企業の努力（費用）とを対応表示することによって，企業の経営成績を明らかにする報告書である。

損益計算書は，プロフィット・アンド・ロス・ステートメント（Profit &Loss Statement），ピーエル（P／L）と呼ばれている。現在は，インカム・ステートメント（Income Statement）と呼ばれているが，従来のP／Lのほうが略称として定着している。

損益計算書では，総収益から総費用を控除して当期純利益を求める。

総収益－総費用＝当期純利益（損益計算書等式）

BS

資産	負債
	資本

PL

費用	収益

以上，貸借対照表と損益計算書は，基本的な2大財務諸表である。さらに，第3の財務諸表として作成されるのが，キャッシュフロー計算書である。キャッシュフロー計算書は，一会計期間のキャッシュフローの状況を報告するために作成される。

キャッシュフロー計算書は，キャッシュフロー・ステートメント（Cash Flow Statement），シーエフ（C／F），シーエス（C／S）と呼ばれている。

キャッシュフロー計算書がなぜ作成されるかであるが，それは，現金の重要性による。企業経営にあたっては，現金がなければ活動を継続することは困難である。黒字倒産ということばがあるが（企業が儲かっている，すなわち利益がでていることを黒字という），仮に利益がでていても，現金がなければ企業活動を続けていくことが困難であることを表したことばである。

第2章の簿記で説明した取引の内容を思い出してみよう。商品を売り上げたが，すぐに現金をもらうことができず，いったん売掛金（未収入金）として計上している。一方，商品の仕入れでも，現金を支払わずに，いったん買掛金（未払金）として計上している。

このように，現金のやりとりをすぐに行わないで，後日精算する取引のことを信用取引というが，それは，取引の相手方が，企業の経営状態を信用してくれているからにほかならない。際限なく，信用取引を続けることはできないし，いつかは現金のやりとりを行わなければならない。それに，商品の仕入れや販売以外にも，雇用している従業員に給料を支払ったり，借りている店舗の家賃（地代）を支払ったり，在庫の商品が火事で消失して損害が生じたときに備えて損害保険に加入し，保険料を支払うことも行われる。そのようなときに備えて現金が必要である。

損益計算書では，利益がでたからといって，現金が増えたとは限らないので，現金の増減の動きが把握できるキャッシュフロー計算書が作成されるのである。

株主資本等変動計算書は，平成18年の会社法制定で新たに導入された財務諸表（計算書）である。会社法の改正で従来の資本の部が，純資産の部と名称変更され，その範囲が拡大した。また，会社法では剰余金の分配（利益配当等）がいつでも株主総会等の決議により行うことができるようになったため，株主資本の各項目の変動状況を明らかにする目的で，作成することとなった。

株主とは，会社の出資者（資本の提供者）のことであり，会社が儲かれば，利益を配当としてもらう権利がある。しかし，会社は儲かったからといって必ず配当しなければならない訳ではない。会社の将来の発展に備えて，会社内に積み立てておくことも可能である。このように，会社内に積み立てておくことを内部留保と呼ぶ。

このように，利益が出た場合に，配当したのか，内部に積み立てたのかを明らかにするために，株主資本等変動計算書は作成される。

さらに，第２章の取引の説明では，当初，営業を開始するのに，会社に資金を拠出している。これは，増資（資本の増加）と呼ばれるが，このような取引も記載される。

2　貸借対照表と損益計算書の作成

まず，仕訳の転記がされた元帳から試算表を作成する。試算表は，トライアル・バランス（Trial Balance），ティービー（T／B）と呼ばれ，財務諸表を作成する準備として，試しに作成されることから，「しさんひょう」と呼ばれる。

試算表は，仕訳や元帳への転記に誤りがないかどうかを貸借平均の原理を利用して検証するのが目的であり，元帳により分類・整理された各勘定科目の金額を１つの表に合計する。試算表には，合計試算表，残高試算表，合計残高試算表の３種類があるが，ここでは合計残高試算表を作成する。

合計残高試算表

借方残高	借方合計	勘定科目	貸方合計	貸方残高
69,900	95,000	現　金	25,100	
	20,000	売掛金	20,000	
5,000	5,000	商　品		
10,000	10,000	備　品		
	15,000	買掛金	15,000	
		借入金	25,000	25,000
		資本金	50,000	50,000
		売　上	20,000	20,000
10,000	15,000	仕　入	5,000	
100	100	支払利息		
95,000	160,100		160,100	95,000

借方合計と貸方合計は，元帳の借方，貸方それぞれの残高を単純に合計する。借方合計と貸方合計のいずれか大きい方から小さい方を差し引いて，残りを借方残高か貸方残高に記入する。したがって，借方残高か貸方残高の両方に記入されることはない。いずれか１つか，あるいは残高は記入されない（ゼロの場合，たとえば売掛金や買掛金）ことになる。

また合計残高試算表の作成で注意しなければならないのは，勘定科目欄の両どなりが，借方合計，貸方合計になり，１つおいてそれぞれ借方残高，貸方残高になる。したがって，借方残高→借方合計→貸方合計→貸方残高であり，借方残高→借方合計→貸方残高→貸方合計とならないことに注意する。

次に，合計残高試算表をもとに，精算表（ワークシート，Work Sheet）を作成する。精算表にも，修正記入欄を設けない6桁精算表と，修正記入欄を設ける8桁精算表があるが，ここでは6桁精算表を作成する。

6桁精算表

勘定科目	残高試算表		損益計算書		貸借対照表	
	借方	貸方	借方	貸方	借方	貸方
現金	69,900				69,900	
売掛金						
商品	5,000				5,000	
備品	10,000				10,000	
買掛金						
借入金		25,000				25,000
資本金		50,000				50,000
売上		20,000		20,000		
仕入	10,000		10,000			
支払利息	100		100			
当期純（利益）			9,900			9,900
	95,000	95,000	20,000	20,000	84,900	84,900

当期純（利益）と，（　）で表示されているのは，利益か損失かは計算してみないとわからないからである。この事例では，収益である売上のほうが，費用である仕入と支払利息の合計を上回っているため，利益が計上される。

注意を要するのは，当期純利益の表示場所である。精算表の損益計算書においては，差額として表示されるので，当期純利益の場合は，借方（左側）に表示される。もし，収益より費用が上回って当期純損失となる場合は，貸方（右側）に表示される。一方，精算表の貸借対照表においては，精算表の損益計算書と，反対側に表示されることになる。なぜならば，当期純利益が計上されるということは，資本が増加することになる。つまり，利益が計上され，株主に配当しなければ内部留保であり，資本の一項目となるからである。

6桁精算表の貸借対照表と損益計算書は内部用のため，次のように外部用に作り替える。

損益計算書

Ⅰ　売上高	20,000
Ⅱ　売上原価	10,000
売上総利益	10,000
Ⅲ　営業費用	0
営業利益	10,000
Ⅳ　営業外収益及び費用	
支払利息	100
経常利益	9,900
Ⅴ　特別損益	0
当期純利益	9,900

貸借対照表

（資産の部）		（負債の部）	
Ⅰ　流動資産		Ⅰ　流動負債	
現金	69,900	Ⅱ　固定負債	
商品	5,000	借入金	25,000
Ⅱ　固定資産		（純資産の部）	
備品	10,000	Ⅰ　資本金	50,000
		Ⅱ　利益剰余金	
		当期純利益	9,900
資産合計	84,900	負債・純資産合計	84,900

理解度確認の問題

貸借対照表につき，以下の金額を計算せよ。

① 資産総額300万円，負債総額150万円のときの資本の額

② 資産総額300万円，資本の額100万円のときの負債総額

③ 負債総額100万円，資本の額250万円のときの総資産の額

④ 総資本500万円，負債総額250万円のときの純資産の額

損益計算書では，５つの利益が計算表示される。以下は，どの利益について述べたものか，選択せよ。なお，５つの利益とは，売上総利益，営業利益，経常利益，税引前当期純利益，税引後当期純利益である。

① ケイツネと呼ばれ，かつてもっとも用いられた利益概念である。米国基準ではこの分類はない。企業の常日ごろ繰り返される活動の成果を表す利益である。受取配当，受取利息，支払利息など金融収支を反映している。

② 会社の本業により獲得された利益である。販売費や一般管理費などの本社経費（間接費）を控除して求める。

③ 特別損益項目を加減した利益である。まさしく，企業（会社）の最終利益である。ただし，国家，地方公共団体から受ける便益の対価である税金については控除していない。

④ 企業（会社）の最終利益で，かつ，税金についても控除している。ここから，株主への配当が行われる。

⑤ 商品や製品の売上による利益である。粗利（あらり，そり），販売マージンとも言われる。

解答

貸借対照表

① 150万円　資本＝資産－負債＝300－150

② 200万円　負債＝資産－資本＝300－100

③ 350万円　資産＝負債＋資本＝100＋250

④ 250万円　純資産＝総資本－負債＝500－250

> **ポイント**
> 資本＝純資産
> 総資本＝資本＋負債＝自己資本＋他人資本
> （なぜならば，自己資本は返済不要だが，負債は時期がくれば返済しなければならない他人様からの預かり金だから）

損益計算書

① 経常利益

利益の計上（ケイジョウ）と区別するため，ケイツネと呼ばれている

② 営業利益

本業がキーワード

③ 税引前当期純利益

最終利益，ただし税金を控除していない

④ 税引後当期純利益

最終利益，ただし，税金を控除している

⑤ 売上総利益

売上の利益である

> **ポイント**：当期純利益と呼ばれることがあるが，税金を控除しているのかどうかわからないので，税引前あるいは税引後と，頭につけたほうが好ましい。ただし，会社法では，単に当期純利益といった場合は，税引後当期純利益を表すこととされている。税引後当期純利益としても間違いではない。

第4章 財務会計（制度会計）

1 制度会計

会計は利用目的により，財務会計（制度会計）と，管理会計の２つに区分される。財務会計は，企業の利害関係者に報告するための外部報告会計であり，管理会計は，企業内部での経営管理目的で利用される。すなわち，管理会計は内部管理会計である。

制度会計（制度としての会計）においては，利害関係者が異なる会社の財務諸表を比較可能にできるように，財務諸表作成のルールが決められている。わが国においては，金融商品取引法（旧証券取引法）会計と，会社法（旧商法）会計の２つの法律によるルール化が行われている。

金融商品取引法は，旧証券取引法が発展・改正されたもので，貯蓄から投資という政府の経済目標に資する法律であり，キーワードは投資家保護である。すなわち，現在あるいは将来の株主や社債権者などの投資家が，株式や社債に投資するか否かの意思決定を行う際に，貸借対照表や損益計算書などの財務諸表を参考にするため，財務諸表の信頼性を担保する観点で法制が行われている。したがって，金融商品取引法を遵守しなければならない会社（企業）は証券取引所に上場している会社（約4,000社）と，その子会社や，あるいは，証券取引所に上場していないものの，株式や債券を公募（広く一般に投資家を求めて募集を行った会社，たとえばサントリーなど）した会社などが該当する。

一方，会社法は，第１章で述べたように商法のうち，会社に関する部分のみを独立の法律としたもので，平成18年から施行されている。会社法は，会社と取引する相手方の保護を目的とした法律であり，キーワードは債権者保護である。債権者とは，当該企業（会社）に対して債権（請求権）を有するもので，商品の納入業者や，お金を貸している（貸付金を有する）金融機関などが該当する。

会社法の考え方では，会社に一定の財産を保有させる資本充実の原則が求められており，財務諸表の表示においても，一定の資本（純資産）を有していることがわかるような表示方法が求められていた。

かつては，商法会計と証券取引法会計は，その目的の違いから，財務諸表の作成や表示につき異なる部分もあったが，時間をかけた調整が行われてきて，現在では，ほとんどその差異はなくなってきている。

さらに，制度会計については，税務会計（第５章参照）が含まれる。税務会計は，純然たる会計というよりは，公平な税金計算のために会計情報を活用するものである。

このように，制度会計を支えるのは，各種法規であり，それらは総称して企業会計法と呼ばれる。財務会計，制度会計というと，会計学の分野の研究対象となるが，企業会計法というと，法律学者の研究対象となる。

企業会計法は，具体的には，商法，会社法，金融商品取引法，法人税法，租税特別措置法などが該当する。

ただし，実務上必要となる規定の多くは，法律自体には詳細に規定されておらず，法規と呼ばれる会社計算規則，商法施行規則，財務諸表等規則，連結財務諸表規則に損益計算書や貸借対照表の様式などの表示に関する規定が設けられている。前述のように，商法会計と証券取引法会計がほとんどその差異がないように調整されたのを引き継ぎ，会社法会計と金融商品取引法会計も，ほとんど差がない表示方法が行われている。

商法会計の目的は，債権者保護に資する会計情報を提供することにあり，配当可能利益の計算表示が重要視されていた。なぜならば，儲かった利益をすべて配当してしまえば，会社の財産の充実を損ね，債権者への支払を十分に行うことができないおそれが生じるからである。

そのため，かつては，会社を設立するにあたり，株式会社の資本金は最低1,000万円以上，有限会社の資本金は最低300万円以上など，一定の金額を資本金として払い込むことを必要としていた。

しかしながら，経済が低成長時代に入り，新規に開業する企業よりも，廃止する企業の方が増加するなど，経済の活力が失われてきたことにより，会社の設立を容易にするために，平成18年の新会社法では，資本金１円の会社が認められることとなった。インターネットの発展もあいまって，実際の店舗ももたず，在庫ももたず，広告宣伝などを行わなくても，インターネットのウェブ上に，ホームページを開設することで，ビジネスを開始することができるようになったことも一因である。

ただし，資本金１円の会社では，会社の信用力も低く，取引相手いかんで会社の成長性も影響される。また，会社設立時の資本金規制は取り払われたものの，配当を行うには，会社の純資産が300万円を超えてからという配当規制も設けられている。

しかしながら，制度会計ないし財務会計は，法律だけに支えられている訳ではない。損益をどのように計算するかなどは，会計理論にゆだねられている。わが国においては，会計の最も重要なルールは企業会計原則であった。ルールと，法律の違いは，後者は国家による強制力があるかどうか，また強制力の裏づけとして，法律に従わなかった場合に，罰則が課せられるところにある。

わが国の会計のバイブルといえば，企業会計原則である。企業会計原則は，第２次世界大戦後に，当時の大蔵大臣，現在の金融庁長官の諮問機関である企業会計審議会が公表したものである。

昭和24年に制定された企業会計原則では，その設定につき，次のように述べられている。

> 我が国の企業会計制度は，欧米のそれに比較して改善の余地が多く，且つ，甚しく不統一であるため，企業の財政状態並びに経営成績を正確に把握することが困難な実情にある。我が国企業の健全な進歩発達のためにも，社会全体の利益のためにも，その弊害は速やかに改められなければならない。
>
> 又，我が国経済再建上当面の課題である外資の導入，企業の合理化，課税の公正化，証券投資の民主化，産業金融の適正化等の合理的な解決のためにも，企業会計制度の改善統一は緊急を要する問題である。
>
> 仍って，企業会計の基準を確立し，維持するため，先ず企業会計原則を設定して，我が国国民経済の民主的で健全な発達のための科学的基礎を与えようとするものである。

また，企業会計原則につき，次の３つを述べている。

第一に，企業会計の実務で慣習として発達したもののなかから，一般に公正妥当と認められたところを要約したものであって，必ずしも法令によって強制されないが，すべての企業がその会計を処理するにあたって従わなければならない基準である。

第二に，公認会計士が，公認会計士法および証券取引法（現在の金融商品取引法）に基づき財務諸表の監査をなす場合において従わなければならない基準となる。

第三に，将来において，商法，税法，物価統制令等の企業会計に関係ある諸法令が制定改廃される場合において尊重されなければならないものである。

このように，前述のように，強制力を伴う法令ではないものの，もっとも重要な会計ルールであるとともに，監査を行う公認会計士の会計規範であり，また，各種の法令は，企業会計原則の内容に反しないように制定されるべきとする。

2　会計ルールの国際化

経済の国際化（国境のボーダーレス化）や，為替の自由化等に伴うグローバル投資（国際分散投資）は，会計ルールの国際的統一を促すことになった。いわば，国際共通語たるエスペラント語の会計版づくりである。エスペラント語は，1880年代に，創案者のザメンホフがエスペラント博士のペンネームで発表した人造語であり，世界共通の標準語を目指して開発したが，思うように普及しなかった。英語は，世界各国で使われていたが，英語を世界標準語とまでするのは反対であるグループの存在であり，公式には世界標準語ではないが，情報技術（インフォメーションテクノロジー，Information Technology，ＩＴ）の発達により，事実上，インターネット上のホームページの閲覧においては，英語が標準語となったといえよう。すなわち，英語を話したり聴いたりする必要はないが，英語の読み書きができたほうが，インターネットや電子メールの利用には有用である。

さて，国際分散投資の世界においては，トヨタ，ホンダ，クライスラー，GM，フォード，ルノーなど，国境は関係なく，どの会社がいちばん儲かりそうかで，株式投資が行われる。この場合，国によって会計基準が異なったり，利益の計算の仕方が異なったりすれば，会社の国際比較を行うことができない。そこで，会計ルールの国際的統一化が図られているのである。

かつて，ドイツのダイムラーベンツが，自国の会計基準では赤字の業績であったが，米国の資本市場で資金調達を行うために，米国の会計基準で財務諸表を作成替えしたところ，大幅な黒字となった事案があった。

会計は，必ずしも，1つの基準ではなく，もともと，複数の認められた会計処理基準から，経営者（社長）が1つのルールを選択して行うことも認められているため，会計基準によっては，いくらか利益が異なることもありうる。しかし，他の企業との比較を可能とするため，財務諸表の利用者が調整可能なように，どのような会計処理基準を採用したかは，財務諸表の注記事項として，記載することになっている。

しかしながら，会計基準の違いにより，赤字が大幅な黒字に修正されるのでは，財務諸表を信頼することがむずかしくなる。ドイツでは，秘密積立金の存在など，超保守主義の会計処理が認められていて，許された範囲内で，できるだけ利益を少なくすることが可能となっている。これは，将来何があるかわからないので，将来に備えた慎重な会計処理が要請されていることによる。

そこで，このように国ごとに会計基準が異なるのを統一する目的で，1973年に国際会計基準委員会（International Accounting Standards Committee，ＩＡＳＣ）が作られ，国際会計基準（International Accounting Standards，ＩＡＳ）を制定することとなった。ＩＡＳは，実際なかなか普及しなかったが，2001年には，さらなる普及をめざして，国際会計基準審議会（International Accounting Standards Board，ＩＡＳＢ）に名称変更するとともに，今後発表する会計基準も，国際財務報告基準（International Financial Reporting Standards，ＩＦＲＳ，イファース，アイエフアールエス）と呼ばれるようになった。

そうは言っても，国ごとに言語が異なるように，会計も自国の文化を反映しているため，国ごとに異なる部分がある。特に，米，英，日あたりは，会計の先進国として，それぞれ資本市場の発達に対応した会計基準づくりを行ってきた。そのため，自国の会計基準を捨ててまで，国際会計基準を受け入れるか，あるいは，国際会計基準と同じような方向で，自国の会計基準を合わせていくかの選択を迫られることとなった。したがって，各国は，できるだけ自国の会計基準を修正しないですむように，国際会計基準策定の現場に人を送り込み，主導権争いをしてきた。会計基準においては，米国の会計基準がもっともすぐれていたと思われていたが，１つ１つの国では規模の劣る欧州諸国が，ＥＵ全体で国際会計基準を受け入れることになった。欧州諸国では，ＥＵ域内の上場企業に対するＩＦＲＳの義務化が当初2005年から導入されるとされていたが，結局2007年からの導入とされた。

また，中国など新興国は，新たに独自の会計基準をつくるよりは，国際会計基準をそのまま受け入れようという戦略に転換し，ここ数年で一気に国際会計基準を利用する国々が急増した。そのため，日本を含めて，近い将来，国際会計基準が，国際資本市場での資金調達においては，まさしくグローバルスタンダードとなろう。

また，国際会計基準の策定にあたり，各国の会計基準策定委員会のプライベートセクター化（民営化）が要請されることとなった。これは，政府に近い組織であれば，どうしても国ごとの政策に影響を受けるとの懸念である。したがって，わが国においても，財務会計基準機構という組織がつくられ，そのなかに企業会計基準委員会が設けられ，個々の会計基準が策定されることとなった。そのため，今後，新たな会計基準づくりは企業会計審議会とは無関係となる。

なお，英国では，2015年１月１日以後開始する事業年度より，新しくＩＦＲＳを基礎とした会計基準（新基準）が導入されることとなった。各企業は，ＩＦＲＳかこの新基準のどちらかを選択適用することになる。

理解度確認の問題

以下の空欄にあてはまるものを，選択肢から選べ。

現在および将来の（　①　）に対して，投資のための合理的な意思決定を行うのに必要な会計情報の提供を目的とした企業会計を（　②　）という。また，それら（　①　）保護のために，財務省令である（　③　）や同じくグループ企業に適用される（　④　）の法的規制も受けている。

（　⑤　）保護を主目的として，（　⑤　）の元本保護及び（　①　）の（　⑥　）の法的限度額の規制を目的とした企業会計を（　⑦　）という。（　⑦　）においては，法務省令による（　⑧　）や特に会社に適用される（　⑨　）の法的規制を受けている。制度会計には，このほか，（　⑩　）もある。

企業会計の実務において（　⑪　）として発達したもののなかから，一般に公正妥当と認められた会計処理手続の内容を要約した会計原則を（　⑫　）という。法令ではないので，（　⑬　）はないが，すべての（　⑭　）が会計処理手続きをするときに遵守しなければならない基準であり，（　⑮　）とされている。また，会計公準を前提条件として組成されている。

選択肢

A	債権者	I	会社計算規則
B	会社法会計	J	連結財務諸表規則
C	株主	K	企業
D	商法施行規則	L	会計慣行
E	税務会計	M	会計規範
F	金融商品取引法会計	N	企業会計原則
G	配当可能利益	O	法的強制力
H	財務諸表等規則		

解答と解説

①C　②F　③H　④J　⑤A

⑥G　⑦B　⑧D　⑨I　⑩E

⑪L　⑫N　⑬O　⑭K　⑮M

会計公準とは，会計理論形成の基礎的前提条件とされる。会計実務のなかで，広く社会通念的に妥当と認められている会計実務慣行のなかから，一般的妥当性をもった基礎的前提条件となるものとされている。

特に，明文化されているものではなく，企業会計の理論構成の基礎となる社会的暗黙の了解事項である。具体的には，企業実体の公準，継続企業の公準，貨幣的測定の公準の３つがあげられる。

企業実体の公準とは，会計記録の範囲のルールである。会計単位の公準ともいう。企業会計の責任範囲を明確にするために，記録すべき資産・負債・資本・収益・費用などの範囲を決めておき，正確な財政状態や経営成績の表示を行うために，企業会計の責任範囲を企業の支配下にあるものに限定する。

継続企業の公準とは，会計期間の公準ともいう。企業はゴーイングコンサーン，つまり，解散・清算しないで永続することが前提である。しかし，それでは，いつまでたっても会計処理を行うことができない。それで，一定の会計期間に区切って，会計処理を行うこととされている。期間損益計算の考え方でもある。中世のヨーロッパの大航海時代においては，口別計算ともいわれ，１年ごとに決算するのではなく，船で出航してから，港に帰港して初めて，決算を行う（１航海＝約３年）会計処理も行われていたが，今日の会計処理では，原則として口別計算は行われない。

貨幣的測定の公準は，物量ではなく，貨幣基準，すなわち金銭的価値に評価して会計処理を行う。また，物価変動（インフレ，デフレ）にかかわらず，貨幣価値一定として会計処理を行う。

第5章 税務会計

1　税務会計とは

税務会計は，企業の所得に対して課税する場合のその課税所得を算出するための会計である。しかし，この課税所得は，まず企業利益を前提としている。税務会計は，企業会計を前提とし，これを種々の課税上の必要から修正，加工する。この修正，加工は，租税のもつ特質から必要とされる。(『新版・税務会計通論』武田昌輔，森山書店，昭和57年)

税務会計は，税法と企業会計の学際的領域であるが，課税所得の算出を中心課題としているので，税法のうち主として関係を有するのは，法人税法と所得税法とされる。また，関連する諸法規には，租税特別措置法，地方税法，施行令，施行規則，通達などがある。

課税上の必要性としては，アダム・スミスの課税4原則がある。

① 公平の原則：各人の収入に比例して徴税する

② 明確の原則：租税の支出義務は明確にする

③ 便宜の原則：便利な時期に便利な方法で徴税する

④ 費用最小の原則：徴税費用は最小になるように努める

このうち，公平の原則は，税務執行において，もっとも要請される原則である。よく担税力と呼ばれるが，税金を課税した結果，その税金の負担が重すぎて暮らしていくことができなくならないように留意することである。

また，④の費用最小の原則は，小さな政府に通じるもので，税金を徴収するのに，費用がかかりすぎると，何のために税金を課税しているのかわからないこととなる。ちなみに，わが国では，1,000円の税金（国税）を集めるのに，16.0円かかっているとされる（国税庁ＨＰ，徴税コストの累年比較，2012年度分）。

2　法　人　税

企業は，法人であり，自然人ではないので，税金を課税しないという考え方もあるが，通常，企業（会社）に対して，法人税（法人所得税）が課せられている。企業には，出資者がいるので，企業が稼いだ利益は，配当あるいは会社の解散による残余財産の分配を通じて，株主に交付される。したがって，仮に会社に課税しなくても，最終的には利益の享受を受けた株主である個人に課税すればよいが，会社が配当や解散をしない限り，課税することができなくなる。また，会社が企業活動において，道路などインフラ整備の便益を受けていることも事実である。そこで，会社に対しても法人税が課税されることとなった。

このように，企業も個人と同様に納税の義務があるわけだが，企業が支払う税金には，法人税，法人住民税（都道府県民税および市町村民税），固定資産税，事業税，消費税などである。

> 税金は，どこに納めるかで国税と地方税に区分される。国税は国に納めるもので，法人税や消費税がある。法人税は，所得（利益）に対して課税される。
>
> 消費税は，商品やサービスを購入･消費することで課税される。なお，消費税10%または８%のうちのそれぞれ100分の22は，地方消費税として地方に国から配分される。
>
> 地方税は，地方自治体に納めるが，住民税，固定資産税，事業税などがある。

法人税の計算は，法人税法，法人税法施行令，法人税法施行規則等に詳細な規定が設けられているが，確定した決算に基づいて，税務申告を行うこととされている。個人の場合は，所得税の課税期間は，いわゆる暦年（カレンダー）基準により，何人も１月１日から12月31日に固定されている。したがって，個人で事業を行っている（個人事業主）場合は，実質12月31日が決算となる。

一方，会社（法人）の場合は，任意の日を決算日とすることができる。ただし，決算は１年に１回行わなければならないし，いったん決めた決算日は継続適用することが前提である。確定した決算とは，会社法（旧商法）上の決算のことであり，原則として株主総会での承認が必要である。平成18年会社法制定前はすべての会社につき，株主総会の承認事項であったが，会計監査人設置会社である取締役会設置会社においては，取締役会の承認を受ければ，取締役はその内容を株主総会に報告すればよく，株主総会の承認は不要とされる。

会社法上の決算ということは，いわゆる制度会計（企業会計）で利益計算が行われる。

しかしながら，会計上は，収益から費用・損失を控除し，プラスの場合は利益，マイナスの場合は損失として計算されるのに対して，税務上は，益金，損金という概念が用いられる。

会計上も，「収益から費用・損失を控除」の損失と，「控除した結果が損失」の損失では意味が異なる。費用は，通常，収益を獲得するのに貢献・犠牲となる支出であるが，「収益から費用・損失を控除」の損失は，収益との対応関係のない事故，火災，自然災害などの損失である。「控除した結果としての損失」は，文字どおり差額概念でマイナスの場合である。

損失の２つの概念

収益の反対概念としての費用・<u>損失</u> 利益の反対概念としての<u>損失</u>

そして，税務上は，別段の定めない限り，益金は収益から，損金は費用・損失から導かれることになる。

ただ，前述のアダム・スミスの公平の原則や，課税技術上の問題などから，益金と収益，損金と費用・損失は完全には一致しない。

益金でありながら収益とならない益金非収益項目，収益でありながら益金とならない収益非益金項目，費用でありながら損金とならない費用非損金項目，損金でありながら費用とならない損金非費用項目などがある。

したがって，法人税の計算は以下のようになる。

利益	会社法（旧商法）上の利益	①
＋益金算入	益金でありながら収益とならない益金非収益項目	②
－益金不算入	収益でありながら益金とならない収益非益金項目	③
＋損金不算入	費用でありながら損金とならない費用非損金項目	④
－損金算入	損金でありながら費用とならない損金非費用項目	⑤
所得	課税所得	(①＋②－③＋④－⑤)

求められた課税所得に法人税率（2018年４月より基本税率23.2％）を乗じて，法人税額が計算される。なお，算入は，計算に加える意味であって，参入ではないことに注意。

表から明らかなように，それぞれ加算調整（益金算入または損金不算入）あるいは減算調整（益金不算入または損金算入）が行われることになる。具体的にはそれぞれ以下のようなものがある。

第一に，益金非収益項目として加算の対象となるのは，国庫補助金収入や，収益の計上時期にかかる差異である。国庫補助金収入は，会計上は収益とされず，資本取引とされるが，税務上は益金に算入される。収益の計上時期につき，税法上で定められた時期と異なる処理をしている場合は，会計上は計上不要でも税務上は計上しなければならない売上計上もれ分につき，益金に加算する必要が生じる。

第二に，収益非益金項目として減算の対象となるのは，受取配当金や法人税還付金である。受取配当金は，配当を支払った法人は課税済みの利益の残りから配当を支払っているために，さらに税金がかかり二重課税となるのを排除するため，配当金の20％，50％あるいは全額を，税務上益金不算入としている。

第三に，費用非損金項目として加算の対象となるのは，法人税・住民税，役員報酬の高額部分，交際費・寄付金・減価償却費・引当金等の損金算入限度額の超過部分や費用の計上時期にかかる差異などである。費用の計上時期につき，税法上で定められた時期と異なる処理をしている場合は，会計上は計上可能であっても，税務上は計上が認められない（税務は債務確定主義）早期費用計上分につき，損金不算入とされる。また，減価償却費，各種引当金の繰入額は，企業会計上は合理的な基準で企業ごとに費用処理することができるが，税務上は課税公平性の原則から，一定の計算方法による繰入限度額を定めている。このため，繰入限度額を超過する分は，費用であっても損金とすることができない。また，役員の報酬等は，自らが自分の報酬を決められる点から，過大な支出による費用，つまり損金算入ができないように税務上ルール化されている。

まず，役員賞与は金額にかかわらず，損金算入できない。賞与であるので，儲かった利益から配分される（利益処分）考え方による。報酬（給料）や退職金は，費用として損金算入されるが，不相当に高額な部分は損金算入できない。

すべて算入できない訳ではなく，高額部分のみで，高額かどうかの判断は，同業他社などと比較して，税務署が判断する。

交際費や寄付金は，会社が利益を獲得する活動として必要であれば，当然費用として認められる訳であるが，税務においては，税金を支払いたくないために，交際費や寄付金で使ってしまう，つまり冗費（無駄使い）の乱用をさけるために，交際費や寄付金に，一定の損金算入限度額を設けている。したがって，この限度額を超過する部分は，損金不算入となる。

法人税，住民税は，会社としては事業遂行に必要なもので費用であるが，税務上は損金算入されない。なぜならば，法人税および住民税（法人住民税）は，法人税および住民税控除前の所得に対して課税されるもので，法人税および住民税控除後の所得に対して課税するならば，実質減税となり，しかも税金計算が反復計算になってしまうからである。なお，固定資産税，自動車税など，課税対象が所得ではなく，資産を保有しているために課税されるものは，営業費用の租税公課として損金算入が認められる。なお，注意を有するのは，税金の支払が遅れたことによる延滞税や，所得を過少申告した場合に課税される過少申告加算税は罰課金性格を有するので，費用として損金算入は認められない。

第四に，損金非費用項目として減算の対象となるのは，利益処分方式で積み立てられた準備金・積立金の積立て額などである。産業育成等の政策的見地から，設備の早期導入や，減価償却費の早期計上など，企業のコスト負担を軽減すべく，減税を行うためのもので，一般の会計処理で費用計せず，利益処分として内部留保に努めた場合にも，費用処理と同等，すなわち，損金算入を認めるものである。

3　税効果会計

確定決算基準により，日本では，税法中心の会計処理が行われる。このため，日本の会計処理はトライアングル体制といわれ，会社法（旧商法），金融商品取引法（旧証券取引法），税法（主として法人税法）の三すくみで会計が行われることになる。会社法と金融証品取引法は，長い年月をかけて差異の調整が図られ，大きな差異は解消された。しかしながら，税法は，課税の公平性という観点から，企業会計と乖離する部分が多くなり，また，それがゆえに，企業会計にも影響を与える（たとえば，損金算入の要件として，企業会計上，費用処理をしていることを前提とする）ことがあり，国際会計基準の導入・統合など，会計のグローバルスタンダード化の促進の弊害にもなってきた。

そこで，会計は会計，税務は税務と，確定決算主義の原則はとりつつも，それぞれ独自性を発揮する会計処理・税務処理へと方向性が分かれることとなった。

そのため，最近の一連の会計ビッグバンのなかで，税効果会計が導入されることとなった。従来の会計では，法人税法に基づき，当期に納付すべき税額を法人税等として，損益計算書に表示していた。しかしながら，税効果会計では，当期の会計上の利益が負担すべき税額を法人税等として，損益計算書に表示することとされた。そのため，当期に納付すべき税額から，当期に負担すべき税額への調整計算が行われることになる。

ただし，調整計算の対象となるのは，期間が経過すれば，最終的には，税額が同じとなる一時差異であり，永久差異は対象とならない。一時差異は，会計と税務の収益・費用等の計上タイミングの違いであるが，損金算入の対象とはされない交際費のような項目は，永遠に税金を取り戻すことはできず，永久差異とされるので，税効果会計の対象とはならない。

税効果会計に係る会計基準では，税効果会計は次のように定義されている。

> 税効果会計は，企業会計上の収益又は費用と課税所得計算上の益金又は損金の認識時点の相違等により，企業会計上の資産又は負債の額と課税所得計算上の資産又は負債の額に相違がある場合において，法人税その他利益に関連する金額を課税標準とする税金の額を適切に期間配分することにより，法人税等を控除する前の当期純利益と法人税等を合理的に対応させることを目的とする手続である。

税効果会計の採用により，企業の財務諸表上，繰延税金資産や繰延税金負債が貸借対照表に，法人税等調整額が損益計算書に表示されることとなる。

税効果会計により，会計と税務は分離されるが，税務の知識（益金と収益の違い，損金と費用の違い，会計と税務の計上タイミングの違いなど）が必要ではあるものの，税効果会計は税金計算目的ではなく，あくまで，企業会計（制度会計）の利益計算においての税金負担の会計処理であることに注意しなければならない。

COLUMN

税金と寄付金

誰しも税金は支払いたくない。しかし，税金を払いたくても収入（所得）が少なくて，支払うことができない人もいる。会社勤めでなく，自分で事業を興して会社（企業）をつくった場合でも，会社の利益には法人税という税金がかかる。しかし，どんなに経済が好況で，景気のいい時代でも，会社の3割は赤字（利益がでない）とされ，税金を支払えないこともある。

税金の場合，その使い途を自らが直接決めることはできないが，自ら使い途の決められる有効なお金の出し方として寄付金がある。欧米では，寄付の制度が発達している。大金持ちもいるが，一方では，寄付で行われている事業も多い。わが国でも，少しずつ寄付金の支払い分だけ，税金が少なくなる制度が拡充してきた。今一度，寄付のあり方の検討が必要だろう。

理解度確認の問題

次の文章の空欄を選択肢から選んでうめよ。

税金は，（　①　）と（　②　）に分けられる。また，（　②　）は，（　③　）に納めるものと，（　④　）に納めるものに分けられる。

（　①　）には，法人税，所得税，（　⑤　），印紙税，登録免許税等がある。（　③　）に納めるものは，都道府県民税（住民税），（　⑥　），地方（　⑤　），不動産取得税等がある。（　④　）に納めるものは，市町村民税（住民税），（　⑦　），事業所税，都市計画税等がある。

税金には，会社が税金を計算して自ら申告する（　⑧　）方式によるものと，地方公共団体等が税額を計算して徴収する（　⑨　）方式によるものがある。

（　⑧　）には，法人税，住民税（法人住民税），（　⑤　），（　⑥　），事業所税等がある。（　⑨　）には，（　⑦　），都市計画税等がある。

法人住民税は，（　⑩　）にではなく，法人税額に税率を乗じて算出することに留意する。 また，（　⑥　）は法人税や法人住民税と異なり，申告書を提出した期間の損金として認められる。つまり，次の会計期間の法人税の計算上，税金が軽減されることになる。

選択肢

A	課税所得	F	事業税
B	固定資産税	G	消費税
C	国税	H	地方税
D	都道府県	I	市町村
E	賦課課税	J	申告納税

解答

①C　②H　③D　④I　⑤G

⑥F　⑦B　⑧J　⑨E　⑩A

税効果会計の計算例で空欄を埋めて確かめてみよう。

A社の毎年の税引前利益は2,000万円とする。ただし，1年目の減価償却費のうち500万円は税法基準超過で損金算入できないが，翌年の2年目は損金算入（これを認容という）できるものとする。法人税率は50%とする。

税効果非採用	1年目	計算根拠	2年目	計算根拠
税引前利益	2,000	=①	2,000	=②
課税所得	（A）	=①+500	（B）	=②−500
法人税等	（C）	=（A）×50%	（D）	=（B）×50%
税引利益	（E）	=①−（C）	（F）	=②−（D）
実効税率	62.5%	=（C）÷①	37.5%	=（C）÷②

このように，1年目の実効税率は高くなり，2年目の実効税率は低くなる。

税効果採用	1年目	計算根拠	2年目	計算根拠
税引前利益	2,000	=①	2,000	=②
法人税等	（G）	=①×50%	（H）	=②×50%
内当期分	（C）		（D）	=（B）×50%
内調整分	（I）	=（G）−（C）	（J）	=（H）−（D）
税引利益	（K）	=①−（G）	（L）	=②−（H）
実効税率	50%		50%	

一方，税効果会計を採用すると，実効税率は1年目も，2年目も50%で同じである。

解答

（A）2,500　（B）1,500　（C）1,250　（D）750　（E）750　（F）1,250

（G）1,000　（H）1,000　（I）−250　（J）250　（K）1,000　（L）1,000

第6章 管理会計

管理会計とは，財務会計に対立する概念であるとともに，日商簿記検定における商業簿記・会計学に対する，工業簿記・原価計算の分野のイメージもある。

管理会計は，基本的に，企業内部の会計であるとともに，儲けるための利益管理や原価管理のツールとして用いられる。

1　管理会計と財務会計

会計は，ある経済主体に関する経済事象を貨幣額により記録計算し，その結果を報告する手続きにほかならない。

そして，会計は，企業の出資者である株主のほか，社債権者・銀行・取引先などの債権者，国・地方公共団体などの税務当局などの外部利害関係者に役立つものか，企業の経営者や管理者などの内部関係者に役立つものかで区分され，前者は，財務会計または外部報告会計，後者は管理会計または内部報告会計とされる。

財務会計と管理会計の特徴には以下のような違いがある。

第一に，財務会計は，経営者がその受託責任を果たしているかどうか，経営活動の結果として利益がいくら生じたか，また税金の支払や配当の金額はいくらか，企業の財産や債務の状況はどのようになっているかなどの情報を提供することが主眼で，過去情報が提供される。一方，管理会計は，過去の経営活動の結果に対する業績評価だけでなく，将来の経営方針や経営計画の設定や統制をどのように行うべきかなど，経営計画のプランニングに資することが主眼で，過去情報だけでなく，未来（将来）情報も合わせて提供される。

第二に，財務会計は，経営活動の結果として生じた利益や，利益に基づく税金の支払や配当の金額を計算するため，貨幣的情報となる。一方，管理会計は，将来の経営方針や経営計画の設定や統制をどのように行うべきかや，業績管理にも活用するため，将来の予測情報や，それを裏づける物量情報も提供される。

第三に，財務会計は，外部報告会計であるため，その会計処理や会計報告が適切に行われるように，会計基準や会計手続きが制度的に決められていて，社会的規制がある。一方，管理会計は，企業内部の会計であるため，その会計処理や会計報告につき，社会的規制を受ける必要はない。

2　管理会計の領域

今日の企業経営においては，有限の経営資源を有効に活用しながら，できるだけ多くの利益の獲得を目指している。これを，利益の極大化目標という。すなわち，将来の一定期間において，どれだけの利益を獲得すべきかを決める。社内的には，どんな会社においても利益目標は設定されているはずであるが，わが国では，証券取引所に株式を上場している取引所上場会社の場合は，証券取引所の要請により，原則として，年度末決算報告において，次年度の利益目標（予想）を，決算短信（けっさんたんしん）に公表することになっている。一方，米国ではそのような利益目標を公表する制度はない。

決算短信とは，決算の速報のことで，通常，会社の決算日以降，約３週間から１カ月半の間に公表される。

いずれにせよ，利益に関する目標値を設定し，その目標値を達成するための具体的方策を計画することになるが，これが利益計画の設定である。

設定された利益計画を達成するための道筋として，予算を編成し，さらに，実績活動が予算を達成しているかどうかの予算管理も重要な課題となる。実績の予算に対する進捗状況の管理を予実管理（よじつかんり）という。

我々が，一般に予算というと，これだけ支出することができるという枠が設定されたいわゆる経費予算を思い起こすことが多いが，実務では，経費だけに限定されない。前述のように，道筋，つまり，計画の意味として，予算が用いられる。たとえば，利益予算の前提としては，売上予算があり，さらに，売上原価予算や，営業費用予算なども設定される。

予算は，業績評価にも用いられるので，達成不可能な予算だと，従業員がやる気をなくしてしまうし，逆に，容易に達成可能な予算では，会社の利益を極大化することもできなくなる。つまり，がんばれば達成可能な目標に基づく予算がいちばん望ましい。皆さんが，各種資格を取得する勉強を始めるときにもあてはまる。いきなり，むずかしい資格を取得することはできない。まず，やさしい資格から，一歩一歩チャレンジである。段階を踏んで，自分の実力を向上させ，上級レベルの資格取得にチャレンジすべきである。

利益計画の実現を目指して，各種の企業活動が行われるが，そのためには資金の融通が重要となる。ここに，会計と金融（ファイナンス）の双方の知識の融合が重要となる。資金の融通がうまくいくためには，資金運用，資金繰り，資金収支などが適切に計画され，また，十分な資金管理を行う必要がある。

財務会計では，外部報告目的から，第３の財務諸表として，キャッシュフロー計算書が作成・開示されている。２つの基本的な財務諸表である貸借対照表，損益計算書についで，キャッシュフロー計算書は重要な基本財務諸表とされている。キャッシュフロー計算書は，その名のとおり，キャッシュ（現金）のフロー（流出入）を把握するための財務諸表である。しかし，資金繰りというよりは，ある一定期間の現金残高の増減を示すもので，利益の裏づけとして，現金が確保されているかが把握できるものである。

財務分析の章でふれるように，現在の信用経済では，売上が即現金回収につながる訳ではない。仕入の場合も，買掛金により，現金支払を猶予してもらっているし，逆に，売上の場合も，売掛金により，代金の現金支払を取引相手に猶予している。したがって，売上により，利益を計上しても，手許に現金がすぐに回収できる訳でなく，時間差で現金が入金されるのである。

しかし，利益に対しては税金もかかるし，株主に配当をしなくてはならない。また，従業員に給料を支払ったり，会社を運営するための建物地代，電気・ガス・水道などの公共料金支払など，現金は必要である。また，新たな商品の仕入にも現金は必要である。買掛金で支払を一定期間猶予してもらっても，いずれ代金を支払わなければならない。また，一般的に，現金で購入したほうが代金も値引きしてくれる。結果的に安く仕入れることができる。

このことから，キャッシュ・イズ・キングという成句もある。

十分な資金管理を行うためには，外部報告用のキャッシュフロー計算書ではなく，資金運用表，資金繰り表，資金収支表などを内部管理用に作成する必要がある。

特に，銀行と取引を行う際には，資金繰り表の提出が求められる。これは，会社の計画どおり，資金の動きが行われているかを，銀行が与信判断の１つの要素とするからである。

銀行は，資金を貸し付けるときに，万一，貸し付けた資金の返済が行われないことに備えて，担保として，土地・建物など不動産担保を要求する。これは，貸付金が回収できない場合は，担保として提供された取引先の物件を，銀行名義に所有権移転し，当該土地・建物を売却し，売却代金で貸付金の返済に充当するものである。これを有担保貸付という。

一方，このような担保が提供できない場合は，無担保貸付となるが，その場合に，相手の信用状態を調査する１つの要素が，日ごろの資金繰り状況である。資金繰り表をみれば，売上（販売）による資金の回収（入金）状況，仕入や経費支払による資金の支払（出金）状況が一発で把握できるため，非常に有意義な判断情報となる。

また，信用判断に，会社の経営成績や財政状態についての検討が必要なので，財務分析（経営分析）も行う。さらに，利益計画として，将来財務諸表や見積り財務諸表の作成も行われる。

3　利益計画と原価計算

利益計画は，企業の安定成長に必要な利益を目標利益と定めて，これを達成するために必要な売上高，すなわち，目標売上高を策定することから始まる。

そして，目標売上高と目標利益の差額で，諸費用を賄うことができるように，売上高，費用，利益の関係を適切に計画するのである。

利益計画も，対象とする期間（タイムスパン）を基準として，長期利益計画と，短期利益計画に区分される。長期利益計画は中長期利益計画ともいわれるが，通常1年を超える利益計画をいう。

長期利益計画は，3年計画ないし5年計画で策定され，景気のサイクルである3年ないし5年に合わせられる。3年計画を中期利益計画，5年計画を長期利益計画ということもあるが，あえて区別せず，中長期利益計画あるいは長期利益計画と呼んでいいだろう。

長期利益計画は，必ずしも目先の利益に力点を置くのではなく，長期安定的に利益をあげることを目的に計画される。そのため，資本との関係から，適切な資本利益率，売上との関係から，適切な売上高利益率が示される。

一方，短期利益計画は，1年以内の利益計画で，1年計画以外に，半年計画，3カ月ごとの四半期計画，また月次計画なども策定される。

証券取引所上場会社においては，2008年4月から，四半期決算（3カ月に1回の決算）報告制度が導入されたので，3カ月ごとの利益計画は必要であろう。また，証券取引所に上場をめざす会社は，上場準備の段階で，月次決算制度の確立を要請されることが多い。制度上，月次決算は強制される訳ではないが，やはり，迅速な月次決算が，四半期決算，中間決算，年度決算につながるのみならず，利益計画の進捗状況を把握する予実管理にも有意義であろう。

さて，利益計画においては，売上高，費用，利益の関係を適切に計画するのが必要であると前述したが，このような関係を表すのに用いられる手法が，ＣＶＰ分析，あるいは損益分岐点分析と呼ばれる。

ＣＶＰ分析は，コスト・ボリューム・プロフィット分析のことで，コストは費用，ボリュームは活動量（＝売上高），プロフィットは文字どおり利益である。

英文名のCost，Volume，Profitのそれぞれ頭文字をとって，ＣＶＰ分析という。

ＣＶＰ分析では，通常の原価計算（全部原価計算）に対して，直接原価計算あるいは，変動原価計算により，費用や原価を把握する。

すなわち，原価を変動費と固定費に区分する。

変動費は，売上高に比例して発生する費用で，材料費，運送費，臨時雇用の人件費，販売費などがある。また，固定費は，売上高に無関係で必ず一定額発生する費用である。固定費には，賃借料，設備の減価償却費，給与，金利などがある。

とはいうものの，現実の実務では，固定費と変動費の区分はむずかしい。なぜなら，準固定費や準変動費など，相対的な費用構造のものがあるからである。

たとえば，電気代は，使っても使わなくてもかかる基本料金と，使った分（消費量）に応じてかかる従量料金の２本建てとなっている。厳密には，基本料金は固定費，従量料金は変動費となる。

そして，ＣＶＰ分析が，損益分岐点分析とも呼ばれるのは，固定費と変動費の区分により，損益がゼロとなる場合の売上高を求めることができる分析手法だからである。損益分岐点のことを，ブレークイーブン（Break Even）と呼ぶので，ブレークイーブンアナリシス（Break Even Analysis）とも呼ぶ。

損益分岐点分析では，限界利益あるいは貢献利益の概念を用いる。すなわち，赤字受注がなぜ行われるかである。

売上高から変動費を差し引いたものを限界利益，あるいは貢献利益と呼ぶ。これがマイナスの場合は，生産・販売を行うべきではない。

なぜなら，販売（生産）すればするほど，損失が膨らんでいくからである。限界利益がマイナスとは，製品の製造にかかった原材料費の支出すら賄うことができないことを意味しているからである。

反対に，限界利益がプラスであれば，いわゆる赤字受注でも生産を引き受け，販売することで，固定費をいくらか賄うことができる。そういう意味で，限界利益や貢献利益と呼ばれている。

したがって，損益分岐点分析から，目標利益・売上高・販売個数の計画を立てることができる。ただし，財務会計，つまり外部報告会計では，固定費と変動費の区分表示を開示していないので，損益分岐点分析を外部のものが行うのはむずかしい。そういう意味で管理会計の領域といえる。

そして，原価計算や，メーカー（製造業）の簿記である工業簿記の知識も知っておく必要があろう。

理解度確認の問題

1．次の空欄を選択肢から選んで埋めよ。

（　①　）と（　②　）の特徴には以下のような違いがある。

第一に，（　①　）は，経営者がその受託責任を果たしているかどうか，経営活動の結果として利益がいくら生じたか，また税金の支払や配当の金額はいくらか，企業の財産や債務の状況はどのようになっているかなどの情報を提供することが主眼で，過去情報が提供される。一方，（　②　）は，過去の経営活動の結果に対する（　③　）だけでなく，（　　④　　）の経営方針や経営計画の設定や統制をどのように行うべきかなど，経営計画のプランニングに資することが主眼で，過去情報だけでなく，（　④　）情報も合わせて提供される。

第二に，（　①　）は，経営活動の結果として生じた利益や，利益に基づく税金の支払や配当の金額を計算するため，貨幣的情報となる。一方，（　②　）は，（　④　）の経営方針や経営計画の設定や統制をどのように行うべきかや，業績管理にも活用するため，（　④　）の予測情報や，それを裏づける（　⑤　）情報も提供される。

第三に，（　①　）は，外部報告会計であるため，その会計処理や会計報告が適切に行われるように，会計基準や会計手続きが制度的に決められていて，（　⑥　）がある。一方，（　②　）は，企業内部の会計であるため，その会計処理や会計報告につき，（　⑥　）を設ける必要はない。

選択肢

A	社会的規制	D	財務会計
B	将来	E	業績評価
C	管理会計	F	物量

2．次の各ケースの限界利益を計算し，企業活動を続けるかどうか，コメントしなさい。(単位：百万円)

区　分	売上高	固定費	変動費
①現　状	800	500	400
②計画A	1,200	500	600
③計画B	1,200	700	600
④計画C	1,600	1,500	800

解答

1．

①D　②C　③E　④B　⑤F　⑥A

2．

限界利益＝売上高－変動費，営業利益＝売上高－変動費－固定費

①　限界利益　400百万円　営業損失　100百万円（赤字）

②　限界利益　600百万円　営業利益　100百万円（黒字）

③　限界利益　600百万円　営業損失　100百万円（赤字）

④　限界利益　800百万円　営業損失　700百万円（赤字）

①から④のいずれも限界利益は黒字なので，ＣＶＰ分析の考え方では，企業活動を続ける。しかし，②は，売上増で，黒字転換となるのでいいが，③は売上増にもかかわらず，固定費も増加し，営業損失は100百万円の赤字で変わらないままである。④は，売上増に伴う，設備投資等で固定費増加が大きくなり，営業損失が多くなっている。売上が減少すると，固定費負担が多くなるため，事業を継続するか判断が悩ましい。

第7章 監査とは，第三者の書類の証明である

1　監査の意義＝AUDIT

会計は，経営者自身が自分は会社のために適切な仕事をしていると報告するのは，自分で自分が「適切にやっていますよ」という，いわゆる自己証明に相当するので，会計の内容が適切かどうかを，第三者の眼で，チェックしてもらうのが一般的である。これを，監査（会計監査）という。

監査のことを，英語で，オーディト（audit）というが，ラテン語のaudire（耳で聴く）が語源である。すなわち，監査を行う人は，会計担当者に口頭で説明させて，その妥当性を吟味したのである。ちなみに，皆さんがＣＤなど音楽を聴くオーディオ・プレーヤーのオーディオも同じ意味である。

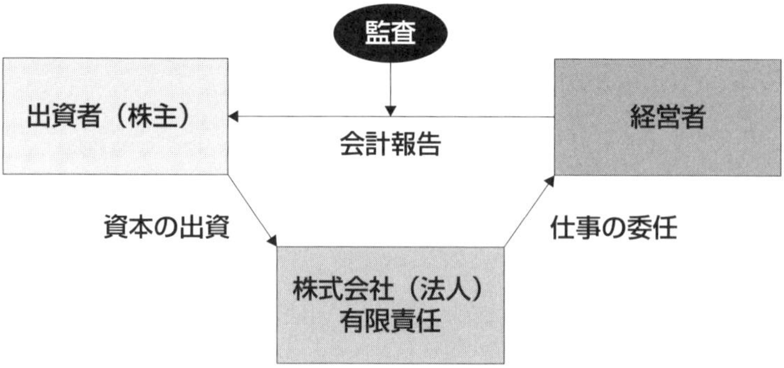

このように，会計があるところには，監査も必要で，会計と監査は表裏一体ともいえる。また，会計といっても，その中心は企業会計（会社会計）であり，会計の対象である会社制度の発展の歴史と，監査制度の歴史も密着に関係しているといえる。

しかしながら，監査論を会計学や簿記の基礎的知識なくして学ぶことは一般的にかなりの困難を伴う。大学の講義でも，通常，上級会計学の分野・範囲の

位置づけである。したがって，会計の初学者がいきなり監査論を履修することは考えにくい。

また，監査の題材は，財務諸表である。すなわち，会社の不正経理など，会計実務についての知識があったほうが理解度は高まる。しかしながら，必ずしも，会計実務の経験がないと，勉強できないという訳ではない。

監査を行うに際して，分析的手続きと呼ばれる監査技法が適用されるが，これは，いきなり監査を実施するのではなく，いわゆる財務分析（経営分析）の技法を適用して，財務諸表の勘定科目間の整合性を事前チェックし，十分に監査を行わなければならない項目と，レベルを下げた監査で十分である部分との判断を行うことがなされている。したがって，財務分析手法を知っているほうが，監査論の理解度は高まろう。そういう意味で，監査の講義の履修は，先に，財務分析論を履修するか，あるいは少なくとも監査論と財務分析論の同時履修が好ましいと思われる。

さらに，監査では，不正防止の手段として内部統制，あるいは内部牽制のしくみが構築される。その場合，会計情報のシステム化において，さまざまな不正防止の手段が設けられる。したがって，情報会計あるいはシステム会計につき，知っておくこともよかろう。

2　監査論の体系

標準的な監査論のテキストでは，監査基準と，監査手続き・監査技術につき，一通り説明されている。監査は，前述のとおり，理論というよりは技術である。監査の現場でいろいろ用いられている監査手法を体系的にまとめて，概念化したものが監査理論にほかならない。また，公認会計士が，監査実務を行ううえで規範となるルールが，監査基準として制定（ただし法律ではない）されていて，その基準についても理解する必要があるので，監査論の主要テーマとなっている。

しかし，やはり，実際に監査現場を体験してみないと，なかなか監査手法はわかりにくい。また，昨今は，利益の過大計上となる不正会計事例なども多い。

むしろ，監査論を体系的に理解するよりは，そうした不正会計事例を題材に，企業がどのような不正を行ったのか，それはどのような意図・目的が動機であったのか，また，監査人は適切な監査を行ったのか，監査人はなぜ不正会計を見つけることができなかったのかなどを，検討したほうが，監査の勉強に興味がわくだろう。また，これまで，学んだ簿記や会計の知識も活用でき，さらに簿記や会計，監査，情報会計，会計システムなどの相互の関連も深まろう。

前述のように，監査が必要な理由は，財務諸表の作成は企業が行うため，その内容が信頼できるがどうか，財務諸表の利用者は心配するからである。つまり，自分で自分を正しいといういわゆる自己証明では信頼できないということである。

そこで，会社以外の第三者である公認会計士が，財務諸表の信頼性につき，監査意見を表明するのが，公認会計士による会計監査である。

監査には，会計監査以外に，業務監査，システム監査，環境監査などいろいろなものがあるが，法的制度に基づく，制度監査（金融商品取引法監査や会社法監査）は公認会計士の独占業務である。

公認会計士の仕事の内容は，公認会計士法で規定されているが，大きく分けて２つに区分される。

第一に，法第２条第１項に規定されていることから，１項業務ともいわれるが，監査証明業務である。条文上は，「公認会計士は，他人の求めに応じ報酬を得て，財務書類の監査又は証明をすることを業とする」と定められている。

第二に，同第２項に規定されていることから，２項業務ともいわれる非監査証明業務または会計業務である。条文上は，「公認会計士の名称を用いて，他人の求めに応じ報酬を得て，財務書類の調製をし，財務に関する調査若しくは立案をし，又は財務に関する相談に応ずることを業とすることができる」と定められている。

監査業務は，公認会計士の独占業務であるが，非監査業務は，公認会計士の独占業務ではない。

ところで，１項業務につき，いわゆる期待ギャップと呼ばれる監査の重要な論点につき，説明することとしたい。

１項業務に，「監査証明」という言葉が使われているが，従来から，監査証明という表現につき，議論が行われてきた。公認会計士が，監査を行った結果を文書に示すが，監査証明書ではなく，監査報告書，すなわち，オピニオン・レポートと呼ばれる。公認会計士は，財務諸表の内容につき，絶対的真実性を保証するのではなく，利用するにつき，重要な点が報告されていることにつき，意見を述べているとの考え方である。

世間一般でいう証明と，監査証明の証明では，その内容が異なっていると言わざるをえない。しかも，公認会計士は，会社の作成した財務諸表に誤りが全くないということは，意見表明できない。なぜなら，誤りの有無を調べるには，会社の仕事内容をすべて監査するしかないが，それでは，時間と費用が膨大なものとなる。しかも，会計的には適切であったとしても，会社が行った行為が法律違反の脱法行為であるかどうかは，会計の話ではなく，コンプライアンス（法令順守）の問題である。しかし，世間の人々は，監査により，会社の不正行為も，発見できると考えている人が多い。公認会計士は，警察官や検事ではない。あくまで，財務諸表の信頼性を確保するための監査を行うのがその職務である。

ただし，現在の公認会計士監査制度の問題として，監査報酬を，監査を受ける会社からもらっていることが指摘されている。公認会計士の監査対象会社は，公認会計士の顧客であり，業界用語でクライアントと呼ばれる。報酬をもらっている先の監査を公平に行うことができるであろうか。しかし，公認会計士制度としては，経済的に報酬をもらっていても，精神的に独立を保つことができれば，監査は十分に可能とする。これが，精神的独立性，倫理の問題とされる。

一方，報酬をもらっている限り，公平な監査はむずかしいので，公認会計士はすべて国家公務員として，国から給料をもらい，監査対象先からは報酬をもらうべきでないとの考え方もある。

そこで，現在では，監査先の会社から報酬をもらうものの，監査対象会社の社長と監査契約を結ぶのではなく，社外監査役を含む会社の監査委員会から，監査を依頼される形にするなど，独立性の確保に努めている。

また，監査には，法定監査と任意監査の２区分がある。任意監査は，監査を依頼する会社と公認会計士が，個別に監査契約を締結して行う。ただし，任意監査を行うのは，事例としては多くなく，将来，法定監査を受けることが予定されている会社が，事前に監査を体験する事例が多い。たとえば，証券取引所（金融商品取引所）に株式の上場を考えている会社など，上場予備軍と呼ばれる会社である。これは，金融商品取引法準拠監査と呼ばれる。

法定監査には，金融商品取引法（旧証券取引法）監査と，会社法（旧商法）監査があるほか，労働組合や学校法人も法律により監査が実施される。

たとえば，私立大学は，学生の授業料のほか，国から補助金が支給されているので，適正な経理が求められている。

金融商品取引法は，投資家保護を目的とする法律であり，投資家は，会社の株式や社債に投資を行うが，その意思決定に際し，会社の財務諸表を参考にすることから，財務諸表につき，公認会計士の監査を求めている。

会社法は，債権者保護を目的とする法律であり，会社にお金を貸し付けている銀行や，会社に商品を販売している取引先などは，会社に債権を有しており，その債権の支払を行うことができる十分な財産を会社が保有しているかの観点で，公認会計士の監査を必要としている。

当初は，証券取引法か商法かで，監査の目的も異なっていたが，その後の制度改変で調整が行われ，今日では，ほとんど差異はない。

3　監査法人と内部統制

ところで，公認会計士は，医者や弁護士と並んで，会社勤務のサラリーマンでなく自由業で個人経営の代表とされてきたが，会社がグローバル化し，大企業が多くなるにつれて，監査を行う公認会計士も個人の監査では限界があり，現在は最低５名以上の公認会計士で組織される監査法人という制度で監査が行われている。すなわち，組織的な監査が行われているのである。したがって，多くの公認会計士は，監査法人勤務のサラリーマンということになる。

実際，現在，全国に32,208人（2020年８月末現在）の公認会計士がいて，被監査会社の増加とともに，年々，監査を担当する公認会計士の実数は増加しているものの，全体の公認会計士に占める割合は減少し，半数未満の公認会計士が監査を担当しているにとどまるとされている。

残りの公認会計士は，個人事務所を開業して税務業務を行う，コンサルティング会社に勤務しコンサルティング業務を行う，一般の事業会社に勤務し経理業務を行うなど，さまざまである。

公認会計士は，その名のとおり，会計の専門家である。そして，公認会計士の試験においては，会計の知識が試される。また，監査の理論や監査基準なども，試験範囲である。しかし，監査は，やはり，監査経験がものをいう。

会計の知識だけでなく，監査対象の会社の業務の流れやビジネスモデルを知っておくべきであろう。

ビジネスモデルとは，当該企業の業務の流れや，利益をもたらすしくみのことである。前述のように，今日の監査は，会計帳簿をすべて調べる全件調査，いわゆる詳細監査・精査は行わない。費用や時間の観点から，きわめてむずかしいからである。したがって，あらかじめ，監査計画に基づき，監査の対象を一定の範囲とする試査が行われている。その場合に，リスクアプローチの監査手法がとられている。

リスクアプローチの監査では，会社の業務のどこにリスクが高いかをあらかじめ判断しておき，リスクの高そうな，つまり，不正会計が行われそうな点を重点的に監査対象とするものである。

リスクが高いかどうかの判断は，監査対象の会社の内部牽制（ないぶけんせい）や，内部統制がしっかりしているかを見る。要するに，会社の業務が不正を行うことができにくいシステムになっているかである。たとえば，現金を扱うと不正が起こりやすいので，経費の支払（含む給与支払）を銀行振込みにすれば，不正のみならず，現金の持ち運びが減少し，強盗におそわれる可能性も減少するなどである。内部牽制は要するにダブルチェック体制である。

理解度確認の問題

次の文章の空欄にはいるものを選択肢から選び，解答用紙に記号を記入せよ。

財務諸表の監査の目的は（　①　）の作成した財務諸表が，（　②　）に準拠して，すべての重要な点において，企業の（　③　），（　④　）及び（　⑤　）を（　⑥　）に表示しているかどうかについて，（　⑦　）が自ら入手した監査証拠に基づいて（　⑧　）した結果を意見として表明することにある。

ちなみに，（　③　）は，貸借対照表，（　④　）は損益計算書，（　⑤　）はキャッシュフロー計算書において表示される。

この目的は，財務諸表の作成に対する（　①　）の責任と，当該財務諸表の（　⑥　）表示に関する意見表明に対する（　⑦　）の責任との区別として，（　⑦　）は，財務諸表に対する自己の意見につき責任を負うのみであって，財務諸表の作成に関する責任は，企業の（　①　）がこれを負わなければならないとする（　⑨　）の原則が財務諸表監査の前提であることを示している。

財務諸表が（　⑥　）である旨の（　⑦　）の意見は，財務諸表には，全体として重要な虚偽の表示がないということについて，（　⑩　）な保証を得たとの（　⑦　）の判断を含んでいる。ここで（　⑩　）な保証を得たとは，監査が対象とする財務諸表の性格的な特徴として，たとえば，（　⑪　）と（　⑫　）と（　⑧　）の総合的産物と呼ばれるように（　①　）の主観的（　⑧　）が会計上の見積り等において多分に含まれることや，財務諸表監査の特性として，監査手続きの実施が原則として（　⑬　）を基礎とする等の条件がある中で，職業的専門家としての（　⑦　）が（　⑭　）にしたがって監査を実施して，（　⑮　）ではないが相当程度の心証を得たことを意味する。

なお，（　⑪　）はまさしくあるがままのことで，（　⑫　）はある社会において一般的に認められている行為のことである。

選択肢

ア	一般に公正妥当と認められる企業会計の基準	**ケ**	一般に公正妥当と認められる監査の基準
イ	経営者	**コ**	監査人
ウ	財政状態	**サ**	経営成績
エ	キャッシュフローの状況	**シ**	事実
オ	慣習	**ス**	判断
カ	二重責任	**セ**	適正
キ	合理的	**ソ**	試査
ク	絶対的		

解答

①イ　②ア　③ウ　④サ　⑤エ　⑥セ　⑦コ　⑧ス　⑨カ　⑩キ　⑪シ　⑫オ
⑬ソ　⑭ケ　⑮ク

COLUMN

公認会計士制度の改定　短答式試験年２回実施

日本の公認会計士は約３万人で，米国の公認会計士の約65万人（2019年５月末）と比べるとかなり少ない。もちろん，試験の方法や仕事の仕方が違うので，一概に少ないとはいいにくい。しかし，経済規模の拡大や金融派生商品も増加し，会計処理も複雑化しているため，公認会計士の合格者を増やそうとさまざまな試験制度改革が行われている。一部，短答式試験の科目免除など，社会人が働きながら受験しやすい方策もとられている。短答式試験の回数を，平成22年度から年２回（12月と５月）とし，平成21年は，従来の年１回５月に加えて，12月に平成22年度の第１回分として実施された。第２回分が平成22年５月で，どちらかの短答式に合格すると，平成22年８月の論文式試験を受けることができた。

第8章 財務分析とは

1　財務分析は，会計の使い方

世の中には，多くの会社がある。しかし，良い会社もあれば，悪い会社もある。良い悪いはどのように判断するのだろうか。良い会社といっても，売上が多くて儲かっているからいいのか，従業員（人）をたくさん雇っていて雇用の場を提供しているからいいのか，すごい設備（機械）をたくさんもっているからいいのかなど，価値判断の尺度は異なる。

会計は，一定の決まりごと（もっとも重要なのは金額で測定）があり，お互いのコミュニケーションの前提となっているので，話がしやすいといえる。

売上は，文房具店の鉛筆100本と，マクドナルドのハンバーガー100個のように，物量単位では比較ができない。だから，金額換算する。また，儲かっているとは，すなわち利益が出ていることであるが，利益にもいろいろ考え方がある。現金で売れば確実に利益といえるが，後日給料日一括など後払いだと，お金をもらえるまで，真の利益とはいえない。

また，すごい設備を持っているといっても，その設備自体を売るわけではない。設備を使って，何を売るかがポイントである。最近のパソコンのモデルチェンジは３カ月に１回で，１年前に買ったものでも十分使えるが，機能面では新商品に見劣りする。会計では，設備についても，１台ある（物量単位）という捉え方ではなく，設備を買うのにいくらかかった，その維持のための保守でいくらかかったなどを金額で測定する約束になっている。これらのルールは基本的には，世界的にほぼ同一である。

したがって，簿記や会計学を学んで，貸借対照表や損益計算書などの財務諸表を作成できるだけでなく，その作成された財務諸表の内容を読みこなして，当該財務諸表を作成した会社の状況を把握することができるのが，財務分析である。

いわゆる簿記検定は，全商（全国商業高等学校協会），全経（全国経理教育協会）

の主催するもの以外に，日商（日本商工会議所）主催のものが，もっとも規模も大きくて，受験生も多い。しかし，これらはいずれも，財務諸表を作成する手段である簿記に焦点を絞っている。一方，会社員などのビジネスマンは，財務諸表を作成するというよりは，作成・提出された財務諸表をもとに，当該会社と取引を行うかの観点から，財務諸表を利用している。

普通の会社であれば，商品を販売するか，あるいは，仕入れるかなどの取引を行うかどうかの判断材料であるが，銀行の場合は，資金を貸し付けるかどうかの判断として，財務諸表を利用する。したがって，銀行員といえば，世間では簿記ができると思っている人たちが多いが，実際は簿記ができなくても，財務諸表が読めれば，仕事は可能である。そういう観点から，大商（大阪商工会議所）は，平成19年2月から，ビジネス会計検定試験を開始した。これは，貸借対照表や損益計算書などの財務諸表を理解できる能力を判定するもので，当初は，大商のみであったが，徐々に，実施する商工会議所が増加し，現在では，全国約10カ所の商工会議所で行われている。

この試験の目的は，簿記に限らず，いわゆる会計リテラシー（会計知識・ノウハウ）を有する人材の拡大を目指すことにある。

2　財務分析と経営分析

経営分析とは，ある企業に対して，投資・貸付・営業取引・管理・コントロール（支配）など，将来の意思決定を行うために，当該企業の実態を把握すること，すなわち，企業の評価を行うことである。

具体的には，企業活動を貨幣金額で表現した財務諸表（財務資料）と，貨幣金額では表現できない非財務資料を用いて，収益性と流動性（支払能力）を判断し，その判断を意思決定に役立てることを目的とするものとされる。すなわち，経営分析は，もっとも広義な概念で，対象企業ないし会社の経営状況（経営資源）を分析することである。

したがって，経営資源は，主に，ひと，もの，かね，情報に区分されることから，財務的（貨幣的・定量的）分析と，非財務的（非貨幣的・定性的）分析に区分できる。経営分析と財務分析を同義で用いる場合も多いが，経営分析は経営学の範囲の１つ，財務分析は，会計学や金融論（ファイナンス）の範囲の１つとして，区分される場合もある。

また，経営分析に類似した用語として，財務諸表分析，企業分析，財務分析，企業評価，信用分析，企業調査，企業審査，会社分析など，種々の言葉が使われているが，論者によって意味合いが異なる。

このなかで，財務分析が経営分析にもっとも近い概念として用いられるが，企業評価，企業調査などと同様に，企業財務（コーポレートファイナンス）の立場から，特に株主の立場に基づいた企業価値を分析するものとするほか，狭義では，財務，すなわち資金繰り（資金の運用調達）の状況について，分析・評価を行うことを対象とするものもある。

財務諸表分析は，企業活動を貨幣金額で表現した財務諸表について分析するもので，比率分析よりは，財務諸表あるいは決算書の読み方，つまり実数の捉え方が重視されることが多い。

もちろん，収益性，安全性など各種比率分析も行われるが，学問的にも，簿記や会計（財務諸表論）の観点からの説明がなされることが多く，当該財務諸表のデータがどのような会計処理基準で作成されているか，生の数字の意味するところなど作成の前提条件の理解が要求される。

信用分析は，その名のとおり，企業の信用状態を分析するもので，銀行における融資の可否や，一般会社においては，営業取引における信用供与（掛取引の金額・期間など条件設定）を目的として行われる。

信用状態とは，相手を信用できるか否かである。通常，商売を行う場合は，現金と商品を同時に交換する現金取引が原則である。しかし，金額が大きい場合や，急ぎの場合は，現金の用意が間に合わないこともある。個人の日常生活においても，飲食店でつけにして，後日給料日にまとめて代金を支払うこともある。これは，相手が信用して代金の支払を猶予してくれているのである。家賃の滞納も，大家さんが将来の支払を信じて待ってくれているのである。

企業審査とは，企業を審査することであるが，一般的には信用調査と同義とされる。経済取引のなかで，与信を行う，つまり相手を信用するか否かの際に，何らかの形で実施される。

3　分析の方法

分析には，種々の方法が考えられるが，第一に，比較を行う。比較とは，何かとくらべることである。比較には，時系列で比較する期間比較と，他の会社や標準と比較する相互比較がある。

期間比較は，時系列比較とも呼ばれ，比較対象の会社にどのような傾向があるか，いわゆる傾向分析（トレンド分析）を行う場合に用いる。

ただし，期間の範囲をどの程度の長さとするか，対象データの基準日をどの間隔にするかで，異なるトレンドを表す可能性に留意する必要がある。

たとえば，売上がここ３年は横ばいだが，５年前からは増加しているような場合，期間３年のトレンド分析は横ばいだが，期間５年のトレンド分析では増加傾向（あるいは最初は増加，その後水平線）となる。期間５年の場合は，線の引き方（見方）で若干の結論が異なることになる。

この線の引き方を，もう少し細かく考慮するのが，対象データの基準日の間隔の方法である。売上データは，年度決算，中間決算以外に，３カ月に１回の四半期決算でも開示されるようになった。さらに，会社によっては，社内で行っている月次決算データから，任意のディスクロージャーとして，月次売上データを開示するところもある。このような場合，同じ対象期間であっても，中間決算データは年度決算データの２倍，四半期決算データは年度決算データの４倍，月次決算データは，年度決算データの12倍となる。データごとに線を結んでいくと，全体としては増加トレンドであっても，じりじり増加しているのか，増減を繰り返しながら増加しているのか，また，増減の振幅が大きいのかなども同時に分析することができる。

相互比較は，比較対象により，他社比較（ライバル比較），他グループ比較，産業内比較（セクター比較），標準比較などに区分される。すなわち，ライバル，業界，標準・基準などと比較して，分析対象会社がどのような状況にあるかを比較分析するものである。

第二に比較検討するのが実数か比率かで区分される。実数を用いるのは実数分析といわれ，いわゆる生データ分析とも呼ばれる。実数分析は，まさしくそのままのデータで，特に加工修正もせずに，概観的に分析を行うのに適している。数字の絶対値がそのまま利用され，売上や総資産など，規模に有意なデータに有効である。しかし，実数分析を行うには，ある程度過去の経験や知識が必要と思われる。たとえば，売上が１兆円の企業の場合，利益が１兆円ということは考えられない。費用や原価がかかるのが当然である。このような場合，業種ごとに，どの程度の売上総利益が適正かということを知っていれば，想定される売上総利益の幅がつかめる。

一方，比率を用いるのは比率分析といわれ，２つの数値の関係を示した分析が行われる。したがって，関係比率とも呼ばれる。比率には，ある一定時点の数値を100（基準値）として，他の時点の数値がいくらかをみる趨勢比率，ある項目の数値を100（基準値）として，他の項目の数値がいくらになっているかをみる構成比率がある。また，売上高を100として，ほかの損益計算書項目の比率をみる100分比損益計算書や，総資産（総負債＋純資産）を100として，ほかの貸借対照表項目の比率をみる100分比貸借対照表などが，構成比率の例としてあげられる。

第三に組み合わせ比較である。期間比較と相互比較，実数分析と比率分析を組み合わせることで，有用な経営分析を行うことができる。

4　主な分析手法

収益性分析，安全性分析，効率性分析，生産性分析，成長性分析，損益分岐点分析などあるが，収益性分析と安全性分析がもっとも基本的である。

収益性分析は，企業の儲かり具合の測定を行う。収益性分析には，投下資本に対するものと，売上高に対するものと２通りがあげられる。

資本利益率は，利益というものを，資本を利用した結果として生じるものと見るもので，投下資本と関連づけて収益力を判断するのが，企業間の比較を行ううえではきわめて重要である。**資本利益率＝利益÷資本**となる。

売上利益率は，利益の基本となる源泉は売上高であるので，売上高と各段階の利益を関連づける。**売上利益率＝利益÷売上高**となる。

安全性分析は，企業の財務安定性を測定する。

安全性とは，企業の資金繰りが健全であり債務不履行などの形で倒産に陥る危険性の程度をいい，流動性分析と財務適合性分析に分けられる。

流動性分析は，企業の短期の支払能力をみるもので，流動比率（リクィディティレシオ）と，当座比率（カレントレシオ）がある。当座比率は，酸性試験比率（リトマス試験比率）とも呼ばれる。

流動比率は，流動資産と流動負債の関係，当座比率は，当座資産と流動負債の関係で示される。商品在庫であるたな卸資産が生産販売活動を経て初めて資金化され，ただちに支払手段とはならないことを考慮し，当座資産には含めないで計算される。なお，**正味運転資本＝流動資産－流動負債**とされる。

財務健全性分析は，企業の長期の支払能力や，負債・資本など資金の調達状況をみる。固定比率，固定長期適合率，負債比率，自己資本比率がある。

固定比率は，固定資産が，返済の必要のない自己資本（株主資本）でまかなわれているかどうかを見る指標で，理論的には100％以下が望ましいとされている。すなわち，固定資産と自己資本の関係をみる。

固定長期適合率は，固定資産に対応させる資金を自己資本に限定せず，短期的な返済の必要がない固定負債も含めて検討する指標である。日本の企業の場合，銀行からの長期借入れや社債発行による長期借入れが多いため，健全性の分析にはこの指標が適しているといわれている。つまり，固定資産と長期性資本（自己資本＋固定負債）の関係をみる。

負債比率は，返済の必要のない自己資本に対して負債の総額がいくらあるのかを示す指標である。負債比率は，Ｄ／Ｅレシオ（デットエクイティレシオ）ともいう。つまり負債（Ｄ）と自己資本（Ｅ）の関係をみる。

自己資本比率（株主資本比率）は，資本調達の構成を表す比率であって，すべての資本のなかで返済の必要のない株主資本がどの程度あるのかを示す指標である。つまり，自己資本と総資本（自己資本＋他人資本）の関係をみる。

理解度確認の問題

以下の空欄を選択肢から選んで埋めよ。

経営分析と財務分析は同義で用いられることも多いが，経営分析は，（　①　）を，財務分析は（　②　）を分析対象とする点で区別される。経営分析の分析対象とされる（　①　）には，ひと，（　③　），かね，情報などがある。また，（　④　）分析は，貨幣的表示の定量データである（　④　）だけを分析する観点で，区分される。

分析には，種々の方法が考えられるが，第一に，何かとくらべる（　⑤　）がある。（　⑤　）には，時系列による（　⑥　）（　⑤　）と，他の会社や標準と比べる（　⑦　）（　⑤　）がある。

また，第二に（　⑤　）検討するのが（　⑧　）か（　⑨　）かで区分される。（　⑧　）分析は，いわゆる生データ分析とも呼ばれる。まさしくそのままのデータで，特に加工修正もせずに，概観的に分析を行うのに適している。一方，（　⑨　）分析は２つの数値の関係を示した分析が行われ，関係（　⑨　）とも呼ばれる。

（　⑨　）分析には，企業の儲かり具合をみる（　⑩　）分析や，倒産の危険性をみる（　⑪　）分析がある。

（　⑩　）分析には，（　⑫　）資産と流動負債の関係をみる（　⑫　）（　⑨　）や，（　⑬　）資産と流動負債の関係をみる（　⑬　）（　⑨　）がある。商品在庫などの（　⑭　）は，（　⑬　）資産に含まれない。

（　⑪　）分析には，（　⑮　）（　⑨　），（　⑮　）長期適合率，負債（　⑨　），（　⑯　）（　⑨　）などがある。

選択肢

A	もの	I	財務
B	財務諸表	J	流動
C	実数	K	比率
D	安全性	L	比較
E	経営資源	M	相互
F	期間	N	当座
G	収益性	O	固定
H	たな卸資産	P	自己資本

解答

①E　②I　③A　④B　⑤L　⑥F　⑦M　⑧C　⑨K　⑩G　⑪D　⑫J

安全性分析のまとめ

流動比率（%）＝流動資産÷流動負債×100

当座比率（%）＝当座資産÷流動負債×100

固定比率（%）＝固定資産÷自己資本×100

固定長期適合率（%）＝固定資産÷（自己資本＋固定負債）×100

負債比率（%）＝負債÷自己資本×100

自己資本比率（%）＝自己資本÷（負債＋自己資本）×100

その他実務でよく使われる財務比率

ROE＝自己資本当期純利益率（%）＝当期純利益÷自己資本×100

ROA＝総資本経常利益率（%）＝経常利益÷総資本×100

総資本回転率（回）＝売上高÷総資本

財務レバレッジ（%）＝総資本÷自己資本×100

PBR＝株価純資産倍率（倍）＝株価÷１株当たり純資産

PER＝株価収益率（倍）＝株価÷１株当たり当期純利益

⑬N　⑭H　⑮O　⑯P

第9章 情報会計

1　情報会計

情報会計は，制度会計に対応する概念とされ，制度会計はルールで提供する会計情報が決められているのに対して，情報会計は，会計情報の利用者に対して，任意の自由な会計情報を自主的に提供する会計の枠組みとする。

近年，ＩＴ（インフォメーションテクノロジー・情報技術）の発展により，コンピュータシステムの発達はめざましいものがある。

実務の世界においては，会計情報はコンピュータ処理されている。そのため，会計システム自体を，コンピュータシステムで構築するとともに，会計情報もコンピュータで取り扱うことのできる形式にしなければならない。そのような会計情報のコンピュータ化につき検討するのも，情報会計の範囲といえる。

まず，制度会計と区別されるうえでの情報会計は，以下の特色を有している。

第一に，制度会計は，法律等の要請で強制的に実施されるが，情報会計は，経営者の判断で自主的に実施される。

第二に，制度会計は，外部報告会計とも呼ばれ企業外部の利害関係者への報告を目的とするが，情報会計は，企業内部への情報伝達も目的とされる。

第三に，制度会計は，企業からの情報提供のみで情報伝達は一方通行であるが，情報会計は，情報提供者からの企業へのフィードバックが行われ，情報伝達が双方向性となる。

第四に，制度会計は，会計法規などの枠組みが前提とされるが，情報会計は，必要な会計情報が収集，提供される会計情報システムを企業ごとに個別に構築することになる。

企業外部の情報利用者は，株主，社債権者，債権者，国，地方公共団体，消費者，住民などさまざまである。

一方，企業内部の情報利用者は，経営者や管理者などである。

企業外部の企業とのかかわりを持つ人のことを利害関係者というが，最近では，ステークホルダーという語がよく用いられている。ステークホルダーは，現在企業とのかかわりあいがある人だけでなく，将来かかわりあいが発生するかもしれない人を含んだ広い概念とされる。

株主や社債権者は，会社への資本提供者，すなわち出資者であり，投資家にほかならない。現在の株主や社債権者だけでなく，将来，株主や社債権者になろうとする投資家も含まれる。債権者とは，会社に対して債権，すなわち請求権を保有するもので，会社にお金を貸している銀行など金融機関のほか，取引先のうち商品をおさめる仕入先も該当する。反対に，会社が商品をおさめる得意先は，会社の債務者であるが，会社が倒産して商品を供給してもらえなくなると，商売を続けるのに支障をきたすので，会社の業績につき，関心を有する。

国と，都道府県・市長村の地方公共団体は，会社が利用する社会基盤（道路，水道など）を提供するとともに，税金を収受する。会社の業績が悪くて，利益がでなくなると，税収に影響するので，やはり，会社とのかかわりがある。消費者は，文字どおり，会社の顧客であり，会社の商品の販売先である。また，住民（地域住民）も，会社が工場を保有する場合，機械（設備）の騒音問題や，工場排水などの地域問題に関してかかわりがある。地域住民にとっては，それらいわゆる環境問題以外に，雇用の場として，将来，従業員になるかもしれないというかかわりも考えられる。このように，会社を取り巻く利害関係者も広範囲にわたっており，さまざまなニーズに応じた情報提供を行うことになる。

2　環境会計

こうしたなか，情報会計の新たな分野として，環境会計やＣＳＲ会計が注目を浴びている。企業は基本的に営利目的であり，利潤（利益）の極大化が，その存在目的である。しかし，企業も社会的存在であり，社会的責任を果たすことが求められている。いくら儲かるからといって，環境を破壊していては，結局，会社自身が経営・営業を続けることができなくなるからである。

わが国では，第２次世界大戦後の焼け野原から，ドイツと並んで，脅威の戦後復興により，高度経済成長が実現した。その成果が，1964年の東京オリンピックや，1970年の大阪万国博覧会である。また，東京・大阪間の新幹線建設や，首都高速道路，阪神高速道路など交通インフラも整備された。しかし，一方で，都市部では道路はほとんど舗装され，子供が砂場以外の土で遊んだことはない状況になった。光化学スモッグなどが問題となり，花粉症はその影響ではないかといわれている。そのため，企業においても，環境にやさしい取組みが行われ，その活動実績を，利害関係者に報告・情報発信するようになった。当初は，まさしく，会社のＰＲ的に，文章で活動実績を説明しているだけであったが，ほかの会社との比較が可能なように，環境報告書が作成されるようになった。

とはいっても，やはり何らかのルールがないと，会社間の比較をすることができない。そこで，環境会計という，会計の特殊な分野が誕生した。

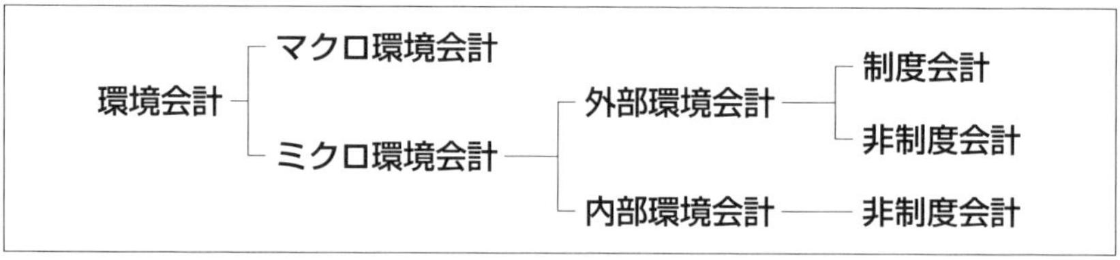

環境会計は，マクロ環境会計とミクロ環境会計に区分される。マクロ環境会計は，国や地域を単位とし，ミクロ環境会計は企業（会社）などを対象とする。マクロ環境会計は，国別，地域別の環境面を考慮した経済計算であり，会計というよりは，経済分野で扱われる。経済計算は，社会会計とも呼ばれ，ある年度に一国の経済組織全体または，その部分である地域のなかで遂行させられた経済活動の大きさを，勘定システムや行列形式で計算・表示する会計である。

対象が，企業会計とは異なり，マクロ（全体）的で国民経済であり，マクロ会計，国民会計，国民経済計算などと呼ばれる。マクロ環境会計は，この社会会計のなかの環境勘定ともいえる。

国民経済計算では，従来から，ＧＮＰ（gross national product，国民総生産）やＧＤＰ（gross domestic product，国内総生産）の概念が測定指標として使われていたが，環境破壊のマイナス面や，余暇による充実などを考慮した国民的福祉の測定指標としては，ＮＮＷ（net national welfare）が新たに使われている。

ミクロ環境会計は，個別の組織レベルの環境会計であり，企業のほか，自治体やＮＰＯなども対象となるが，その中心は企業である。

また，ミクロ環境会計は，情報提供の対象先が，企業の外部か内部かの違いにより，外部環境会計と，内部環境会計に区分される。外部環境会計は企業外部へ情報を開示するための環境会計であり，内部環境会計は企業内部で環境情報を活用する環境会計である。

内部環境会計は，企業内の会計であることから，環境管理会計とも呼ばれ，まさに，非制度会計である。管理会計は，企業内で経営活動の能率管理や，採算把握などの観点から利用されるが，その範囲を環境に関するものにまで広げている。環境汚染に関しては，事前にわからないことも多いが，最近では技術の発達により，あらかじめ，ある程度の確率で想定することも可能となった。事前対策が万全とはいえないが，全く対策をしないで，環境汚染が発生してから，その対策を行うよりは，少しずつやっておいたほうが，全体としての費用（コスト）は少なくてすむかもしれない。医療の分野でも，病気や怪我をしてから治療してもらうのではなく，病気や怪我をしないように，健康を維持する予防医学に医療行政がシフトしているが，まさに，予防医学の環境版である。

環境汚染が生じなければ，無駄金と思われるかもしれないが，何も事前対策を打たなかった場合よりも，事前対策をしていたほうが，全体の総コストは削減されることが見込まれる。つまり，事前対策は一種の保険であり，保険費用として割り切るべきである。いずれにせよ，内部管理会計は，特に制度化（ルール化）が行われておらず，企業が自主的に行うもので，非制度会計である。

一方，外部環境会計は，環境会計の枠組みのなかで，企業の外部の利害関係者に，環境情報を提供するものである。外部報告会計の一部であるという意味で，制度会計と呼ぶこともできるが，一方，まだ，正規の制度会計ではなく，非制度会計ともいえる。

財務会計の基本となる会計公準には，企業実体，期間損益計算，貨幣的評価の３つがあり，会計の利益計算においては，貨幣評価，すなわち，金額換算によることとされている。しかしながら，環境会計においては，金額換算以外に，物量単位表示が行われている。たとえば，排水を中水として再利用し，水の使用量を何リットル節約できたとか，材料として使う木材の使用量を何本減らしたので，森林の伐採を少なくすることができ，その分，植林の本数も減らせて，環境維持に貢献した，などの報告が行われる。排水であれば，一定の水道料金，木材であれば，木材の単価や植林費用で，金額換算することが全く不可能な訳ではないが，伐採を防止し，そのおかげで保水効果が生じて，洪水が発生せず河川の氾濫がなかったなど間接的効果まで測定するのはむずかしい。

しかし，制度会計自体は，貸借対照表や損益計算書などの作成・開示が求められていて，環境報告書自体の開示が求められている訳ではないが，環境負債として引当金を計上するなど，貨幣的評価のできるものは，既存の財務会計の枠組みに組み入れられるようになった。たとえば，資産除却債務の会計が米国で制度化され，わが国でも2011年３月末決算から制度化された。通常，土地は非減価償却資産で，マイナスはないとされるが，土壌汚染が発生すれば，売却前に，汚染除去費用がかかる。これを，あらかじめ見積もって費用化しておくものである。

また，地球温暖化問題で，二酸化炭素の排出量を抑制すべく国際条約である京都議定書で認められた排出権も，取引の対象とされ，金額的価値評価が可能となった。このように，ミクロ環境会計の外部環境会計は，制度会計部分と，非制度会計部分の両方が行われている。

さらに，儲かれば何をしてもいいという企業の倫理観は否定され，環境問題に限らず，企業は社会的存在として，各種社会的責任を果たすことが必要とされるようになった。この社会的責任には，環境維持も含まれることから，環境報告書から，社会的責任（ＣＳＲ）報告書の作成・開示を行う企業が増加傾向にある。ＣＳＲはCorporate Social Responsibility，すなわち，企業の社会的責任を意味する。さらに，財務情報（年次報告）と非財務情報（経営戦略や社会貢献）を取りまとめた統合報告書の発行が近年増加している。

後述のファイナンスと会計の関係からも，ファイナンスは，効率的経済的資源配分のために適切な資金運用（投資）を行うことが研究対象であるが，そのためにも，企業が開示する会計情報が不可欠となる。

3　会計情報システムの構築

会計情報を提供するためには，有効な会計情報システムを企業（会社）内に構築する必要がある。

かつての日本の大企業は何でも自前主義で，大規模なコンピュータを導入し，コンピュータを動かすソフトウェアも自前で開発していた。特に，ファイナンスでは不可欠な金融仲介を行う銀行など金融機関は，全従業員の約１割は，コンピュータ関連の仕事に携わっていた。システム開発のみならず，導入した大型コンピュータの運営管理や，開発したソフトウェアの維持管理のための要員である。

要員を自前にこだわるのは，自社の仕事の仕方が企業秘密であるとか，今まで手作業で行っていた仕事をそのままコンピュータ化（システム化）してほしいとの現場の意向を反映したからである。

しかし，時代は変わり，パソコン（パーソナルコンピュータ，ＰＣ）の性能が大幅に向上し，しかも安価で手に入れることができるようになった。そのため，かつてのような大型マシンを前提にせず，複数のパソコンを利用し，業務処理を考えることができる。ソフトも，自社開発せずに，できあいの汎用ソフト（パッケージソフト）を購入して，利用すればいい。汎用ソフトは，多くの顧客に買ってもらえるように，一般的・標準的な作業仕様となっている。むしろ，新たなソフトの購入で，今までの仕事の非効率なことがわかり，仕事の見直しにつながろう。積極的に捉えるべきである。そうはいっても，会計の知識以外に，ある程度のシステム設計やシステム操作の知識はあったほうがよかろう。それらで会計情報システムの構築を効率的に行うことができよう。

簿記の検定試験では，日本商工会議所主催のものが一般的であるが，試験問題は，伝票などの手作業前提で作成されている。しかし，実務では，ほとんどがコンピュータ処理である。簿記３級や簿記２級に合格して，会計事務所や会社の経理部門に就職しても，簿記の知識とは別に，コンピュータ操作を知らないと役に立たない。また，コンピュータ操作自体ができても，ソフトのしくみやパソコンの構造を知らないと，万一のときには，何もできない。汎用ソフトは，自身が作成した訳ではなく，そのしくみはブラックボックスと呼ばれることが多いが，ある程度のしくみは，取扱い説明書に書いてあったり，システムの基本的知識があれば推察できる。この意味において，会計のみならず，情報システムについての知識を学ぶ意義がある。

COLUMN

ディスクロージャー

ディスクロージャー（disclosure）とはもともと，物事を明らかにして示すという意味である。disは，反対語，closureはclose，すなわち，しまう，閉じる，隠すを意味する動詞の名詞形である。したがって，隠すことを止めるので，明らかにすることになる。会計や証券用語として，情報公開の意味で，いいことも悪いことも，外部に公表することで，そうすることによって財務諸表の信頼性を高めることができる。また，ディスクロージャーといえば，そうした情報公開誌自体のこともいう。1994年の米国映画として，大ヒットしたディスクロージャーは，マイケル・ダグラスとデミ・ムーア主演であるが，女性の年下上司（デミ・ムーア）による男性の年上部下（マイケル・ダグラス）に対するセクシュアル・ハラスメントを題材にしている。この映画では，セクシュアル・ハラスメントといえば，男性によるものが多いとされるなか，この映画では，女性によるものであることを明らかにしていくという意味で，真実の探求，つまり，ディスクロージャーという映画タイトルがつけられている。

理解度確認の問題

環境会計につき，空欄を生めよ。

環境会計は，マクロ環境会計とミクロ環境会計に区分される。マクロ環境会計は，（　①　）を単位とし，ミクロ環境会計は（　②　）などを対象とする。マクロ環境会計は，経済計算であり，会計というよりは，経済分野で扱われる。経済計算は，（　③　）とも呼ばれる。

経済計算では，従来から，ＧＮＰ（　④　）やＧＤＰ（　⑤　）の概念が測定指標として使われていたが，環境破壊のマイナス面や，余暇による充実などを考慮した（　⑥　）測定指標としては，ＮＮＷが新たに使われるようになった。

また，ミクロ環境会計は，情報提供の対象先が，企業の外部の（　⑦　）と，内部の（　⑧　）に区分される。

（　⑧　）は，企業内の管理に用いる会計であることから，（　⑨　）とも呼ばれ，まさに，ルールがなく，（　⑩　）である。

一方，（　⑦　）は，環境会計の枠組みのなかで，企業の外部の利害関係者に，環境情報を提供するものである。外部報告会計の一部として，金額換算データであるという意味で，（　⑪　）と呼ぶこともできるが，一方，また，（　⑫　）データを提供する意味で（　⑩　）ともいえる。

解答

①国や地域　②企業や会社　③社会会計　④国民総生産
⑤国内総生産　⑥社会福祉　⑦外部環境会計　⑧内部環境会計
⑨環境管理会計　⑩非制度会計　⑪制度会計　⑫物量

パソコンを使った会計処理につき，以下の空欄を選択肢から選べ。

オフィスのネットワーク化，財務会計（　①　）の普及により，データが（　②　）化され，簿記や会計の知識だけでなく，パソコンの（　③　）も必要とされている。このように，パソコンが十分に使いこなせる人は情報（　④　）があるとされる。

まず，簿記・会計を含む企業実務の知識として，簿記の知識，取引を読み取り（　⑤　）の作成，帳簿や伝票の理解，（　⑥　）の作成，会計以外に（　⑦　）知識の理解，貸借対照表や損益計算書など（　⑧　）の作成ができることが求められる。

さらに，ＰＣＡ会計，勘定奉行，会計王，弥生会計，ＢＩＧ財務会計，大蔵大臣，財務応援など，各種財務会計（　①　）の知識も必要である。会社のほかの（　⑨　）（　①　）との関連知識も求められる。

また，パソコンシステムの各種知識も必要となる。（　①　）のほか，Windows 10など（　⑩　）の知識や，ＭＯ，ＣＤ，ＤＶＤなど各種（　⑪　）の取扱い，万一パソコンが使えなくなった場合の（　⑫　）体制などである。

解答
選択肢

A	試算表	E	リテラシー	I	仕訳
B	財務諸表	F	デジタル	J	ソフト
C	スキル	G	業務処理	K	税務
D	ＯＳ	H	バックアップ	L	記録メディア

※ＯＳ＝オペレーティングシステム。基本ソフトのこと。

①J　②F　③C　④E　⑤I　⑥A
⑦K　⑧B　⑨G　⑩D　⑪L　⑫H

第10章 ファイナンスとは

1　ファイナンスとは

ファイナンスは英語でfinanceといい，ラテン語のfin（終わる，finish），つまりお金で片をつけるという学問である。

financeの語源は，ラテン語のfin（終わる）＋ance（行為，状態）であり，紛争や負債に決着をつけるのに，最後にはお金で決着することからきている。ちなみに，finの関連用語には以下のようなものがある。

financialは，finance＋ial（に関する）から，金融のという意味である。

finishは，終点・ゴールや仕上げという意味である。

finaleは，音楽の終楽章や演劇の大詰めという意味である。

fineは，罰金のことであるが，ものごとが終わって課せられるからである。一方，fineは，仕上げられた→うまくいく→すばらしいという意味もある。

confineは，con（強意）＋fine（境をつける）→はっきりと境界をつくる，つまり，制限するという意味である。

defineは，de（分離）＋fine（境をつける）→境界をはっきりさせる，つまり，明示するという意味である。

このように，finの語源を知れば，多くの英単語が覚えられる。

ファイナンスとは，企業や個人の活動のうち，資金の流れを対象とし，財務（財政に関する事務）といわれることが多い。そのため，従来の科目名は財務管理論，企業財務論と呼ばれていた。

主体の違いにより，企業財務に関する理論（corporate finance）と，個人財務に関する理論（personal finance）となるが，前者は，経営財務とも呼ばれる。経営財務の呼び方は，経営学が，ひと，もの，かねといった経営資源の配分・管理を対象とする学問で，労務管理（ひと），生産管理あるいは販売管理（もの)，財務管理あるいは経営財務（かね）と区分されるところからきている。

また，ファイナンス自体を，企業の視点から，企業財務に関する理論（corporate finance)，市場の視点から，資本市場に関する理論（capital market)，投資家の視点から，(証券）投資に関する理論（investment）と呼ばれることもある。

なお，個人財務に関する理論（personal finance）は，ＦＰ（ファイナンシャルプランナー）の資格取得で勉強する範囲である。

金融工学（financial engineering）とは，工学的手法を金融に応用したもので，数理ファイナンスや投資工学とも呼ばれる。金融工学に携わっている人たちは，クオンツ（数量データを扱う人）や，ロケット博士といわれることが多い。特に，米国の宇宙開発でアポロ計画（有人宇宙船月着陸計画）の予算が削られ，大量の科学者達が金融の世界に入ってきて，デリバティブ（金融派生商品）など，高度な数学を必要とする分野で活躍し始めたことが，ロケット博士のネーミングの由来とされる。

2　お金の流れ

ところで，ファイナンスは，お金が対象であるが，お金の流れが，金融にほかならない。

金融とは，文字どおりお金の融通である。融通とは，金銭をお互いの間でやりくりすることであるが，無償であげることではなく，将来見返りを受け取る約束をして資金と交換することに意義がある。

金融により，お金に関係する問題をうまく処理することで，お金の流れから見ると，お金が足りているところから不足しているところに移動することができる。つまり，お金を必要なところに供給するしくみが金融にほかならない。

あるいは，お金の赤字主体と黒字主体の間の仲立ちをして，両者のニーズを調整しギャップを埋める活動，つまり貸借関係の調整が金融である。赤字主体は，収入＜支出で資金不足主体，黒字主体は，収入＞支出の資金余剰主体である。通常，家計が黒字で，企業が赤字となる。(→の向きは金の流れ)

	家計→	企業
資金（の移転）	運用・貯蓄	調達・投資（設備投資）
現在・借用証書（ＩＯＵ）	購入→	発行
将来・元本利子	受取←	支払

家計は，運用として，企業の発行した債券を購入し，利子を受け取るとともに，将来，元本の返済を受ける。企業は，設備投資を目的として，債券（社債）の発行により，資金を調達し，利子を支払い，将来は元本を返済することになる。このように，金融には，時間軸（現在か将来），空間軸（資金の貸手か借手）という変換機能がある。

時間軸	空間軸		
現在	貸手	→資金移転	借手
↓			
将来	貸手	←資金返済	借手

ちなみに，借用証書のことを，ＩＯＵというのは，「ＩＯＵ＝ＩOwe You私はあなたに借金があります，あなたに借りができた，あなたのおかげだ。」という語句からきている。

OWEを使った英語表現
You' ll owe nothing. あなたには一切の借も生じません。
I owe you 500 yen.　500円借りています。
I owe a lot of money to the bank. 銀行に多額の借金がある。
How much do I owe you?／What do I owe you?　いくらですか

以下は，家計部門と，企業（法人）部門の資金のやりとりであるが，仲介を行う金融部門の重要性がわかる。

すなわち，銀行は，家計（個人）から貯蓄50を預金として受け入れ，また，企業からも預金20を受け入れる。一方，家計に住宅ローンとして10貸し出し，企業にも，設備投資資金として60貸し出す。

金融機関は，資金過不足を効率的に調整する専門機関として存在意義がある。

家計部門　投資＝住宅購入　ロ＝ローン10（銀行から借入れ）

<table>
<tr><td colspan="2">所得　120</td><td>ロ</td></tr>
<tr><td>消費　60</td><td>投資
20</td><td>貯蓄　50</td></tr>
</table>

企業（法人）部門

<table>
<tr><td colspan="2">売上　150</td><td colspan="2">借入　60</td></tr>
<tr><td>費用　120</td><td colspan="2">投資　70</td><td>預金
20</td></tr>
</table>

金融部門　貸＝貸付10（個人へ貸付）

<table>
<tr><td>預金　50</td><td>預金
20</td></tr>
<tr><td>貸付　60</td><td>貸</td></tr>
</table>

実際のマネーフロー表＝資金循環表では，家計部門，企業部門，金融部門以外に，政府部門，海外部門も区分されている。一般的に，家計部門が資金余剰で，他の部門は，資金不足となる。

家計部門	資金余剰	所得－（消費＋投資）
企業部門	資金不足	売上－（費用＋投資）
政府部門	資金不足	税収－財政支出
海外部門	資金不足	－（輸出＋サービス受取－輸入－サービス支払）

また，金融は，直接金融と間接金融に区分でき，前者は当事者同士で資金融通を行い，直接証券（本源的証券＝株券，社債券）が発行される。後者は，金融

機関が資金仲介を行い，間接証券（預金証書等）が発行される。

企業のキャッシュフロー，すなわち，現金（貨幣）の入金と出金の流れのパターンをみるには，空間的側面と時間的側面の両面をみなければならない。

空間的側面は場所の移動であり，資金の余剰者である投資家から，資本提供を受ける場合，あるいは，その資本を返済する場合の財務問題である。時間的側面は時間の移動であり，今投資するのか将来投資するのか，今資本提供者に返済するのか将来返済するかを意思決定する場合の財務問題である。今か将来かどちらかを選択せざるを得ないので，このようにどちらかを選択すれば，もう一方はあきらめなければならないのをトレードオフ（trade off）という。トレードオフは，もともと交換するという意味である。

資本の提供を受ける場合に，ビジネスリスクの負担の有無で，自己資本と他人資本に区分できる。ビジネスリスクは，事業あるいは商売のリスク（risk，危険，冒険，損失）のことであるが，要するに，企業が事業に失敗した場合，出資した資本が戻らない場合を自己資本の提供，事業の失敗にかかわらず，元本の返済と利息の支払を求めるのが他人資本の提供となる。

そのかわり，自己資本（株式の出資）の提供者は，事業が儲かれば，利益の分け前に預かることができる。一方，他人資本（銀行借入，社債発行）の提供者は，事業が儲かっても，利益の分け前に預かることはできない。

自己資本は，株主からの払込み資金のほか，儲かった利益の内部留保も含まれる。一方，他人資本は，借入や社債発行による負債調達で，要するに，資金の借り手で，借入金となる。資金の出し手である銀行や，社債の購入者（投資家）からみると，資金の貸し手で貸付金となる。

自己資本の提供者である株主に対して，企業が利益を配当するのか，将来の投資のために内部留保するかを決めるのが，配当政策である。また，株主には，別途，株主優待政策として，会社の商品が無料でもらえたり，サービスが無料あるいは割引きで受けられるなどの株主優待制度（株主優遇制度）がある。配当するには，利益が必要だが，株主優待制度にかかる費用は，会社の経費になるので，赤字会社でもできる。

理解度確認の問題

（1）空欄にあてはまるものを選択肢AかBから選べ。

金融の機能は，一時的に（　①　）をもつ黒字主体から，逆に一時的に（　②　）の状態にある赤字主体へと資金をいわば（　③　）させることにある。その結果一定期間経過後に，逆方向の資金移動がもたらされる。このように，金融には空間的側面と時間的側面がある。（　③　）は，余剰資金の有効的活用を可能にする。他方，（　④　）は，あるキャッシュフローの時間的パターンを変化させることを意味する。

金融の時間的側面に注目すれば，それは現在のキャッシュフローと（　⑤　）のキャッシュフローのトレードオフであるということができる。現在のキャッシュフローは確定しているが，（　⑤　）のキャッシュフローはキャッシュフローを生み出す過程に影響を及ぼす多数の要因が生じるので，不確定なものであり，リスクの側面がある。

（　⑥　）とは，多くの人々が参加し協働して，それぞれの目的を達成するための組織である。その目的は，利益にほかならないが，そのためには何らかの支出，すなわち，投資を行う。そのためには資金が必要で，それを資本という。（　⑥　）は利益をあげる活動の以前に，所要資金を調達し，収益から返済していくことになる。あるいは，返済せずに次の活動の投資に向ける。この資金の循環活動が企業金融や企業財務と呼ばれる。

（　⑥　）が調達する資本はビジネスリスクを負担の有無で（　⑦　）と（　⑧　）に分類される。増資や利益の内部留保等で株主の提供する資本である（　⑦　）がビジネスリスクを負担するのに対して，株主以外の債権者等が提供した（　⑧　）は原則としてビジネスリスクを負担しない。（　⑧　）は，銀行等からの借入れや（　⑨　）等による調達で，他人資本とも呼ばれる。したがって，他人資本の提供者はあらかじめ定められた利息と元本を受け取って初期の目的を達成し，それ以上の成果を期待していない。一方，企業の儲けである利益から，他人資本の提供者の取り分を除いた後に残りがあれば，（　⑦　）の提供者に帰属する。

すなわち，企業財務の課題には，資金調達における（　⑦　）と（　⑧　）の割合をどのようにするか，調達した資金を不確実性のなかでどのように投資するか，（　⑩　）として自己資本の提供者への還元をどの程度行うのか，などがある。

選択肢

	A	B		A	B
①	資金余剰	資金不足	⑥	企業	共同体
②	資金余剰	資金不足	⑦	経営資本	自己資本
③	空間的移動	時間的移動	⑧	負債	貸付金
④	空間的移動	時間的移動	⑨	社債発行	株式発行
⑤	将来	過去	⑩	株主優待政策	配当政策

（2）次の文章が正しければ○，間違っていれば×を記入しなさい。

①（　　）直接金融では，資金が最終的な貸手から最終的な借手へ直接流れる。

②（　　）直接金融では，最終的な貸手が本源的証券を取得する。

③（　　）間接金融では，最終的な貸手と借手の間に金融仲介機関が介在する。

④（　　）間接金融では，金融仲介機関が本源的証券を発行する。

⑤（　　）直接金融とは，最終的な借手が発行する本源的証券を最終的な貸手が直接取得する取引である。

⑥（　　）間接金融とは，金融仲介機関が最終的な貸手に対して間接証券を発行し，最終的な借手の発行する本源的証券を取得する取引である。

⑦（　　）借入＝投資－（所得－消費）

⑧（　　）家計の資金余剰＝家計の貯蓄－家計の消費

⑨（　　）政府の資金不足＝政府支出－租税等収入

⑩（　　）バブル崩壊により企業収益が落ち込み，財政赤字が拡大した。

解答と解説

（1）

①A　②B　③A　④B　⑤A

⑥A　⑦B　⑧A　⑨A　⑩B

（2）

①（○）②（○）③（○）④（×）⑤（○）

⑥（○）⑦（○）⑧（×）⑨（○）⑩（○）

④　本源的証券→間接証券

⑧　家計の貯蓄→家計の収入

COLUMN

クラウドファンディング

インターネットを通じて不特定多数の資金提供者（Crowd）から，少額ずつの資金調達（Funding）をするしくみである。2019年の金融商品取引法等の改正を契機として，新しい資金調達方法として，わが国でも市場規模が増加しつつある。1990年代に米国において，アーティストの活動資金を，インターネットを通じて募集あるいは寄付の形で集めたことがその始まりであると言われている。

購入型・寄付型，投資型（ファンド型），投資家型（貸付型）の主に３つに区分される。

第11章 貨幣とは何か

1　貨幣の派生

自給自足の生活を行っていた，はるかお金のない時代，人々は自分に必要な衣食住の生活必需品をすべて自分でつくっていた。

その後，モノとモノの交換，すなわち，物々交換が始まった。理由は，第一に，個人の得意・不得意を集団生活でカバーすると全員が得する，また，第二に，それぞれの好みが違うと余剰が生じることによる。

やがて，農村と漁村など，異なる村同士で，新たな情報交換とともに，物々交換が拡大する。これは，交易や貿易であるが，問題点はお互いに有利な交換レートを希望する点にある。

ここに，お金が誕生し，交換を仲立ちすることとなる。最初のお金は，貝殻で，勝手にお金をつくらないように，刻印がつけられていた。当初は全員に均等にお金を配布していたといわれている。

また，同時に市場（いちば，マーケット）も誕生した。お金と交換に欲しいものを手に入れるための場である。割当以上にものが欲しい人は，当面使わない人からお金を借りて，ものを購入することになる。しかし，借りたお金には利子を支払う必要がある。

また，貝殻のほかに，石，家畜，米，塩，銅なども貨幣として利用されたが，やがて，貴金属が利用され，金貨や銀貨が誕生する。

貨幣の本質には，金属主義と名目主義があるが，金属主義（metalism）は，貨幣自体に価値が必要で，本来の貨幣という意味で，「貨幣（money）」と呼ばれる。一方，名目主義（nominalism）は，流通すれば貨幣であり，「通貨（currency）」と呼ばれる。金貨や銀貨は前者で，貝殻や石は後者であろう。

また，貨幣の基本的機能には，次の3つがある。

第一に，一般的な価値尺度（計算単位）である。

第二に，交換・支払手段（流れとしての貨幣）である。

第三に，価値の貯蔵・保蔵手段（蓄えとしての貨幣）である。

2　貨幣の種類

貨幣は，以下の種類に区分できる。

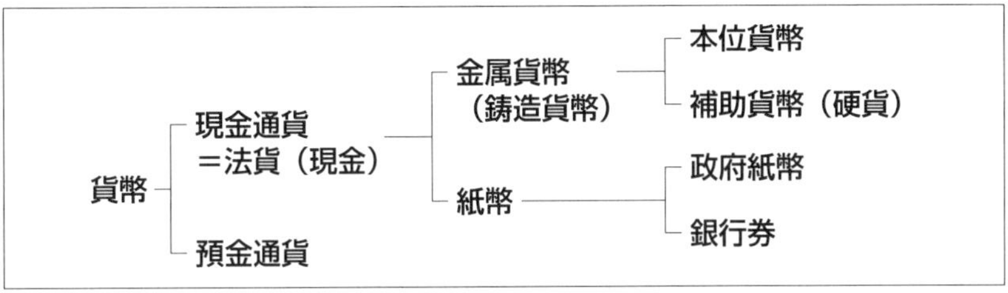

現金通貨は４つに区分できる。

法貨とは，法律により強制通用力をもつ貨幣のことである。

本位貨幣とは，額面価値と素材価値が等しい金貨等をいう。

硬貨は，小額取引の便を図るため，政府により発行される。記念通貨も硬貨である。額面の20倍までが法貨であるため，たとえば，19円の買い物をして，１円玉19枚で支払うと，相手は受け取りを拒否できない。しかし，21円の買い物をして，１円玉21枚で支払うと，相手は受け取りを拒否できる。実際は商売なので，拒否されることは考えにくい。

政府紙幣は，政府が発行するものだが，現在は発行されていない。通常硬貨の代わりに発行されることが多く，戦争やインフレで硬貨の鋳造が間に合わない場合に臨時に紙幣の形式で発行される。

銀行券は，わが国では日本銀行券であり，日本銀行が発行する。日本銀行は，政府の銀行であるとともに，銀行の銀行とも呼ばれる。

預金通貨は，預金があたかも通貨のように用いられるもので，大きな資金の決済の場合に用いられる。ただし，すべての預金ではなく，いわゆる要求払い預金のみが対象となる。法貨ではないが，取引者同士の信用が前提で貨幣として用いられている。いわゆる要求払い預金には，以下のものがある。

当座預金は，小切手の振出し可能な預金である。

普通預金は，文字どおり決済預金である。

通知預金は，7日据置き後，2日前の予告で引き出せる預金で，据置き期間がある分だけ，普通預金より金利が高い。

法貨のことを，英語で，legal tenderというが， tenderは弁済の提供という意味である。legalは文字どおり，法的を意味する。tendに関することばは以下のものがある。

tenderは，ラテン語tendereが語源で，伸ばすから，差し出す，提出するを意味する。

tendは，傾向がある，向かう，世話をするという動詞である。

tendencyは，tend＋ency（性質，程度，状態）から，傾向，癖，素質の意味。

attend＝at（ad方向）＋tend（tendere向ける）から，方向を向ける→出席する，世話するを意味する。

attendanceは付き添い，attendantは付添い人，attentionは注意を，それぞれ意味する。

extendは，ex（外へ）＋tend（伸びる）から，延長するを意味する。

intendは，in（中へ）＋tend（向ける）から，中へ心を向ける，意図するを意味する。

pretendは，pre（前に）＋tend（向ける）から，人前に口実を差し出す，・・・のふりをする（まねをする）を意味する。

なお，tenderloin steak（テンダーロインステーキ）は，tender（やわらかい）＋loin（腰）から，牛の腰の部分のやわらかい肉を使ったステーキのことである。Tenderの伸ばすから，やわらかくなるを意味する。

政府紙幣・銀行紙幣発行の推移

年号（発行）	区分	額面等（下線付きは現在も有効）
1872	政府紙幣	10・20銭，半・1・2・5・10・50・100円，ドイツ印刷
1873	国立銀行紙幣	1・2・5・10・20円，米国印刷
1877〜78	国立銀行紙幣	1・5円，日本印刷
1881〜83	政府紙幣	20・50銭，1・5・10円
1885	日本銀行紙幣	1・10・100円
1886	日本銀行紙幣	5円
1917	日本銀行紙幣	20円
1927	日本銀行紙幣	200円
1938〜48	政府紙幣	50銭
1944	日本銀行紙幣	5・10銭
1945	日本銀行紙幣	1,000円（日本武尊・建部神社）
1946	日本銀行紙幣	100円（聖徳太子，板垣退助）
1946〜51	日本銀行紙幣	1・5・10・50円
1950	日本銀行紙幣	1,000円（聖徳太子，伊藤博文，夏目漱石，野口英世）
1951	日本銀行紙幣	500円（岩倉具視）
1957	日本銀行紙幣	5,000円（聖徳太子，新渡戸稲造，樋口一葉）
1958	日本銀行紙幣	10,000円（聖徳太子，福沢諭吉）
2000	日本銀行紙幣	2,000円（守礼門）

お金を扱うのは，銀行の仕事であるが，銀行の3大業務は，預金の受入れ，貸出（貸付），為替（両替え）・決済である。

このうち，為替は，隔たった地域間のお金のやりとりを現金を使わずに行うこと，つまり立替のことである。また，決済とは，お金の貸し借りの関係を終わらせること，立替を終了させることである。

現金で商品を購入する場合は，支払と決済はその場で同時に終わる。決済は，英語で，セツルメント settlement = settle + ment あるいはクリアリング clearing = clear + ing という。Settle は，set（置く），sit（座る）が語源で，clear はきれいにするからきている。ちなみに，clearance sale は，一掃大売出し，バーゲンセールのことである。

3　各種の支払手段

支払手段として現金以外には，小切手，手形，クレジットカードなどの支払指図手段がある。支払指図手段は，預金通貨の移転を指図するだけで，支払は一定期間後に行われる。

一方，現金代替手段として，費用は前払・支払済みだが，サービスは未提供のプリペイドカードや金券類がある。プリペイドカードには，テレホンカード・図書カード・ＱＵＯカード・ギフトカード，金券類には，商品券・デパート共通券などがある。

手形と小切手は，商法のうち，手形・小切手法として規定されている。

手形とは，企業が商品の購入にあたって利用する支払の手段であるが，手形での支払は現金通貨や預金通貨の支払を猶予してもらうという意味で，資金融通の手段でもある。約束手形と為替手形が存在するが，おもに約束手形が利用される。

約束手形は，商取引にあたって，商品の買い手（振出人）が，売り手（受取人）に，代金を，特定の期日（支払期日）に支払うことを約束するもの（支払約束文句）である。ほかに，手形に記載されるのは，手形発行（振出し）の期日，場所，支払の場所である。

手形の受取人は，銀行に売却（手形割引）して，資金を入手することができるほか，受け取った手形に署名して（裏書），そのまま他の商品の購入に使うこともできる。

為替手形は，振出人が第三者である支払人に宛てて一定の金額を支払うべきことを委託する。為替手形は資金取立に利用される。約束手形は振出人自身が支払を約束するが，為替手形は，第三者が支払を約束することになる。

一方，小切手は発行者たる振出人が第三者たる銀行を支払人として，この支払銀行に宛てて，証券の適法な所持人に対して一定金額を支払うことを委託する形式の有価証券である。為替手形と似ているが，一覧払い（即座に支払）性から現金代替の短期取引に利用されている。

また，銀行では，現金を使わない支払・受取として，各種のキャッシュレスペイメントサービスを提供している。

自動受取として，給与振込み，年金受取，株式配当金の受取が可能である。反対に，自動支払として，電気，ガス，水道，電話など各種公共料金の自動引き落しもできる。

さらに，ＡさんからＢさんへの支払といった振込依頼・送金も可能である。同一銀行内では，銀行内振替記帳で，預金口座内の残高が増減される。ほかの銀行に送金する場合は，内国為替システムという銀行間の為替システムを利用する。

もちろん，海外（外国）の銀行に送金することもできる。海外の銀行とは，外国為替を利用することになる。ただし，国内の銀行と異なり，すべての銀行と取引できる訳ではない。個々の銀行ごとに，コルレス契約＝為替取引契約を結び，当該コルレス契約を結んだ銀行，すなわちコルレス銀行（Correspondence Bank）に対して，送金することができる。かつては，東京銀行が外国為替専門銀行であったが，現在は合併により，三菱東京ＵＦＪ銀行に継承された。

4　暗号資産（仮想通貨）

もともと，仮想通貨と呼ばれていたが，円やドルなどの法定通貨と区別するために，金融庁は資金決済法を改定して，2020年６月より，呼称を暗号資産に変更しました。海外では，Ｇ20などの国際会議で通貨ではないことを強調するために，クリプトアセット（ｃｒｙｐｔｏ ａｓｓｅｔ，暗号資産）と呼ばれていて，そのネーミングが用いられることになったわけです。

暗号資産は，ビットコインなど600種類が存在するとされ，インターネット上で流通する電子的な資産ですが，法定通貨や電子マネーと異なり，特定の発行者や管理者は存在していません。インターネット上の取引で，各種の法定通貨と交換でき，取引価格もその時々の需給を反映して変化します。

特定の発行者や管理者が存在しない代わりに，いわゆるブロックチェーン（分散型電子台帳）の技術を基盤にして，ネットワークの参加者同士が取引の信頼性を確かめ合うことで，資産の存在を担保しており，取引記録の改ざんを防止するしくみとなっています。

理解度確認の問題

①　現在，新規発行・流通している硬貨の額面をあげよ。

②　現在，新規発行・流通している紙幣の額面をあげよ。

紙幣をうっかり破り毀損した。以下の空欄をうめよ。

③　全額交換してもらえるのは，お札全体の（　　　　　）以上残っている場合である。

④　半額交換してもらえるのは，お札全体の（　　　　　）以上残っていて，（　　　　　）未満の場合である。

⑤　全く交換してもらえないのは，お札全体の（　　　　　）未満しか残ってない場合である。

解答・解説

①　１円，５円，10円，50円，100円，500円

②　1,000円，2,000円，5,000円，10,000円

③　（３分の２）←３分の２以上あれば全額救済される

④　（５分の２），（３分の２）←３分の２未満でも40％以上あれば半額救済

⑤　（５分の２）←40％なければ全額戻らない

５以下＝５は含まれる，５以上＝５は含まれる ５超＝５は含まれない，５未満＝５は含まれない

汚れた硬貨は，表面の模様が確認でき，重さが正規の半分を超えるものは，全額交換できる（半分以下の重さは交換できない）。

確率と期待値を考えてみよう。

お札がどれだけ焼け残るかの確率はすべて一緒とする。

普通のお札　①＋②＋③＝100％
3分の2以上ある場合①
5分の2以上ただし3分の2未満の場合②
5分の2未満の場合③

ここでは①の確率＝1－（2／3）から1／3＝5／15

ここでは②の確率＝（2／3）—（2／5）＝4／15

ここでは③の確率＝2／5＝6／15

（③は厳密には，5分の2が含まれないので，2／5よりは少ない）

期待値は

1×（5／15）＋0.5×（4／15）＋0×（6／15）

＝5／15＋2／15＋0＝7／15≒0.4668＜0.5

何となく半分戻るように思われるが，期待値としては半分戻ってこない。

ただし，これはあくまで期待値であって，半分以上救済される人は，確率的に全体の5分の3である。

決め事として，どこまで救済するかが課題となる。

全額救済する人と，全然救済しない人を決める。半分救済はその残り。

ケースとして，3分の2以上で全額もらえる。3分の2未満でも，3分の1以上あれば，半分もらえるとする。そうすると，理論的な期待値は

1×（1／3）＋0.5×（1／3）＋0×（1／3）＝1／3＋1／6

＝2／6＋1／6＝3／6＝0.5，つまり，半分戻ってくる。

期待値が増えるのみならず，半分以上救済される人も，確率的に全体の3分の2（3分の2＞5分の3）と増える。

このように，ファイナンスにおいては，統計学や数学の知識があった方が望ましい。

第12章 お金の価値とは何か（金利）

1　金利とは

お金の価値は，金利によって表される。金利とは，お金（マネー）の価格で，資金の提供にかかわる価格である。

金利は，価格機能を有し，損得の判断ができる。

近代経済学で有名なジョン・メイナード・ケインズは『ケインズの一般理論』という書籍を発表し，マルクス経済学の定本『資本論』に対抗し，いわゆるケインズ経済学を打ち立てた。

ハロッド著・塩野谷訳『ケインズ伝』では，ケインズ４歳のときの次のようなエピソードが紹介されている。

父の質問は「利子とは何かね」。それに対して，次のように答えた。

「ぼくがおとうさんに半ペニーわたし，おとうさんがそれを非常に長い間もっていたとすれば，おとうさんはその半ペニーとそのほかにいくらかを加えて，ぼくに返さなければいけないでしょう。それが利子です。」

利子の表現の仕方は，年ベースが普通である。100円に対して年５％の利子の場合，１年後に元利合計で105円の返済をすることになる。

イスラム教の国々では，イスラム教義により，利子は禁止されている。しかし現実は手数料という形式で対応している。

金利の基準は，原則的に次の２つの考え方がある。

第一に，返済期間が長くなると金利は上がる。これは，貸手にとってお金を自由に使える期間が制約されるので，その対価が増加すると考える。

第二に，借手の信用度が低い，つまりリスク（危険度）が高いと，金利は上がる。借手の信用度が低いということは，元本が返済されない可能性が高く，その分，余分に利子をもらわないと，貸手が融資するのをためらうと考える。なお，信用度の尺度として，一般に格付けが用いられる。

金利裁定，すなわち，理論的な金利の水準はこのような考え方によって決まってくるとされる。

イールドカーブ（利回曲線）

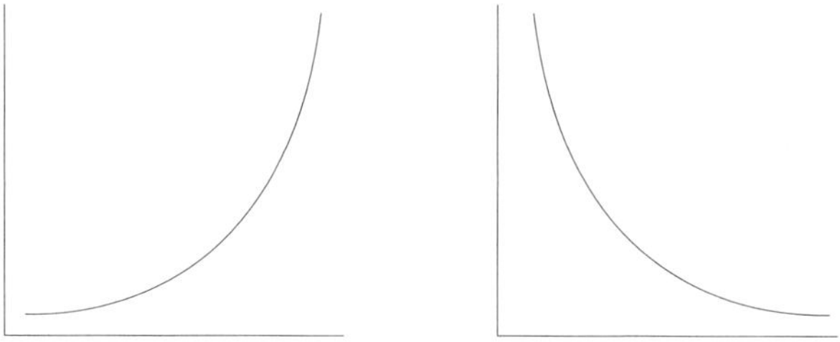

順イールド
右上がり（右肩上がり）

逆イールド
右下がり（右肩下がり）

縦軸を金利，横軸を期間とすると，一般に，期間が長い程，利回りが上昇するので，順イールド（利回り）となるが，経済状況によっては，逆イールドになることもある。

わが国の金利体系は，1994年までは規制金利体系となっており，国の経済政策により，金利の体系化がなされていた。それが，国債の大量発行と国際化の２つのコクサイ化や規制緩和により，金利も自由化され，現在は自由金利体系となっている。

実際，金利はプラスが通常であるが，近年，ゼロ金利やマイナス金利まで登場してきた。

ゼロ金利は，コール市場の金利が政策的にゼロまたはそれに近い低金利にされていることで，1999年２月から2000年８月と，2001年３月から2006年５月まで，日銀の超低金利政策の一環として行われた。コール市場とは，金融機関相互間の短期資金市場で，原則，翌日すぐ返済（コール，呼び戻す）ことから，ネーミングされている。

マイナス金利は，お金を貸すほうが，利息を渡して貸すというもので，2003年コール市場で発生した。マイナス金利は，金利とは別の要因（貸出実績つくり，円ドル交換等外国為替取引）で生じるものである（コラム参照）。

ところで，金利に関する用語として，利子，利息，利率，利子率，割引率，利回り，資金調達コスト，歩合などさまざまなものが使われている。

利子は，貸借した金銭などに対してある一定利率で支払われる対価のことで通常，利息と同義である。ただし，利子と利息は，次のように使い分けされている場合もある。

利子は，借りた方からの支払，利息は，貸した方の受取を意味する。

利子は，郵貯銀行（旧郵便局）の郵便貯金で使われ，利息は，銀行預金で使われる。また，利息は法律用語でもある。しかし，利子と利息を同義に扱っても特に問題はない。

利率と，利子率は同義であり，英語では，interest rateという。利率は利子の割合を示し，１期間あたり利息を元金で割ることで求められる。

一方，割引率は，まさに時間の概念で，将来価値を現在価値に直す利率のことである。

今の１円は将来，たとえば１年後に何円になるか。反対に，１年後の１円は今の何円に相当するか。すなわち，現在価値（今の価値）と，将来価値（１年後の価値）の関係を表すものが，割引率にほかならない。

将来は１年後に限定せず，任意の期間を選んで比較すればよい。仮に，今の１円と将来の１円が同価値であれば，割引率はゼロ％となる。つまり，お金の時間価値はないことになる。これがゼロ金利である。

利回りは，イールド（yield）といい，投下元本に対して１年に何％の収益を生み出すかを表す。イールドは算出高を意味することによる。一方，前述の利率は，通常，額面金額に対する利息の割合を意味する。

歩合（ぶあい）は，ある量に対する他の量の比の値を小数で表したもので，割（○分の１），分（○○分の１），厘（○○○分の１）などで表現される。たとえば，１割は10分の１である。したがって，年１割の利子であれば，元本のほか，元本の10分の１を利息として支払わなければならない。

歩合については，営業の仕事についた場合，営業成績（出来高）に応じて給料が決まる場合としても使われる。

Financeは，最後は金で解決することを意味するが，利子interestもinter＋estから，お互い（interは間を意味する）に存在する（estはisなどのBe動詞）が転じて，興味・関心・利害がある，つまり利害を解決するのは，利子・利息からきている。

利子interestの関連語として，interested（興味がある）やinterest（興味・関心）があることも理解できよう。

2　利子・利息の計算方法

元本を変化させるか否かで，単利と複利がある。

単利は，元本を変化させず利子を計算するが，複利では，元本を変化させて利子を計算する。複利では，利子が元本に組み入れられるので，利子が利子を生み，貸手は有利だが，借手は利子が雪だるま式に膨らむことに注意しなければならない。利子を元本に組み入れるタイミング，すなわち，計算単位には，年毎のほか，半年毎，月毎等がある。

また，元金に対する利息をどの期間を計算単位で把握するかで，年利，月利，日歩などに区分される。

年利（ねんり）は，元金に対する1年間の利息の割合で，単位は％（パーセント）で表示される。

月利（げつり）は，元金に対する1ヶ月の利息の割合で，同じく単位は％である。月利は，年利÷12で表示できる。

日歩（ひぶ）は，元金100円に対する1日あたりの利息で金利を表したものである。年利や月利は，元金が任意の金額で，利息の割合が％表示されるが，日歩は，元金100円に対する割合に限定されているので，日利とは言わない。単位は，銭（1／100円），厘（1／1,000円），毛（1／10,000円）がある。ちなみに，日歩2銭は，年7.3％となる。なぜなら，1日2銭は，1年（365日）で730銭となるので，元本100円に対して，利子7.3円となる。

3　アドオン金利について知ろう―計算上の借入れ金利に注意

アドオン金利は，借金を複数回で返済するとき，計算上借金一定で扱う金利であり，自分が思っている以上に利子の負担が重くなることに注意する。以下の事例では，３万円借りて，毎月１万円ずつ３カ月で返済とする。

①　実質年利12%（＝月利１%）の場合→通常の借入れ（残債方式）

１回目の返済時利息＝借入残３万円×１％＝300円

２回目の返済時利息＝借入残２万円×１％＝200円

３回目の返済時利息＝借入残１万円×１％＝100円　合計利息600円

②　アドオン金利12%（＝月利１%）の場合

１回目の返済時利息＝借入残３万円×１％＝300円

２回目の返済時利息＝借入残３万円×１％＝300円

３回目の返済時利息＝借入残３万円×１％＝300円　合計利息900円

この事例では，元金を分割返済（これを内入れという）しているにもかかわらず，元金が返済されていないと仮定して，利子を計算している。この結果，利子は，通常の残債方式（元本の一部返済を次回の利子の計算に考慮する）と比較すると，合計利息を300円多く支払うことになる。

消費者金融の金利については，利息制限法と出資法により金利の規制が異なり，従来からグレーゾーン金利と呼ばれてきた。しかし，2006年の貸金業規制法（貸金業法）の改正で，貸金業者の貸付上限金利は，利息制限法が適用されることになり，グレーゾーンにつき，一応の決着が着いた。

ちなみに，利息制限法では，元本の違いで次のように制限利息を区分する。

元本10万円未満	年20％
元本10万円以上100万円未満	年18％
元本100万円以上	年15％

すなわち，利息制限法を超える部分は，借り手は支払義務がなく，従来にお

いても，みなし弁済規定（貸金業法）が適用されていた。ただし，出資法の制限利息は，年29.2%の規制であり，これを超える受領は貸し手に罰則があるが，超えない場合は，罰則がなく，法のすきま（グレーゾーン）と呼ばれていた。

しかし，貸金業法の改正で，利息制限法の遵守が要求されることとなった。

前述の事例では，元本が３万円と，元本10万円未満であり，年20%以下でなければならない。

年20%で利息を計算すると，

１回目の返済時利息＝借入残３万円×20%÷12＝500円

２回目の返済時利息＝借入残２万円×20%÷12＝333円（円未満切捨て）

３回目の返済時利息＝借入残１万円×20%÷12＝166円（円未満切捨て）

大の月（31日），小の月（30日等）があるので，正確には分母を365日で，実日数で計算すべきだが，ここでは，１年＝12カ月で，月割りした。

残債方式では，実質年利12%であり，年20%以下なので，問題はない。しかし，アドオン方式は検討が必要である。

年20%の合計利息は999円（500＋333＋166）であり，アドオン方式の合計利息900円は，範囲内で一見問題ないように思われる。しかし，月ごとの内訳を見ると，３回目（最終回）の返済利息が，300円＞166円と超過している。貸手から見ると，１回目，２回目の利子の不足額と考えることもできなくないが，借り手としては，支払う必要はなかろう。

このように，アドオン金利や利息制限法につき知っておくことは，ＦＰの勉強（第14章参照）に役立とう。

そのほか，利息の取決めをしなかった場合の法が定める利息（法定利息）として，民法は民事法定利息・年５%，商法は商事法定利息・年６%を定めていたが，商事法定利息の方が少し高いのは，商人は営利性を追求するからとされていた。しかし，120年ぶりの民法大改正で，2020年４月から，民事法定利息・年３%，商事法定利息廃止とされた。

理解度確認の問題

（1）イールドカーブ（利回曲線）につき，空欄をうめよ。

今かりに住宅ローンを借りようとしている人がいるとして，これから金利が上昇すると見込まれるのだったら，借りようとしている人は，今の金利でできるだけ（　①　）に借りようとするであろう。たとえば，今だったら10年ものを２％で借りられるのなら，将来金利が上がったとしても，今約束した２％でずっと借りられるのだから，今のうちに安い金利で長期に借りる約束をしようと考えるだろう。

しかし，今度はお金を貸す側からいうと，これから金利の上昇が見込まれるのなら，なるべく（　②　）に貸しておいて，将来，金利が上がってから長期に貸したいと思うだろう。もし今２％で10年も貸してしまうと，将来，金利が10％に上がっても，金利を変更することができないからである。

こういう状況だと，今，（　③　）の借り手は大勢いるが貸し手は少ない，（　④　）の借り手は少ないが貸し手は大勢いる，ということになる。だから，（　⑤　）の金利はどんどん上がっていく，逆に（　⑥　）の金利はどんどん下がっていくことになろう。

つまり，イールドカーブは，（　⑦　）になる。したがって，イールドカーブが（　⑧　）のときには，マーケット（市場参加者）は，将来，金利が上がると思っていることになる。

このように，金利の期間構造に関する流動性選好仮説では，残存期間が（　⑨　）になるほど，流動性が低下し，流動性プレミアムは大きくなると考えられている。

選択語群	長期	短期	右上がり	右下がり

（２）利率の言い方を変換せよ

① 日歩１銭は，年利でいうと何％か？

② 月利２％は，年利でいうと何％か？

③ 年利18％は，月利でいうと何％か？

④ 元金100円，年利３％で，単利で２年後の元利合計はいくらか？

⑤ 元金100円，年利３％で，複利で２年後の元利合計はいくらか？

解答

（１）

①長期　②短期　③長期　④短期　⑤長期

⑥短期　⑦右上がり　⑧右上がり　⑨長期

（２）

① 0.01円×365／100円＝0.0365＝3.65％

② ２％×12＝24％

③ 18％÷12＝1.5％

④ 100円＋100円×３％×２＝100円（１＋３％×２）＝106円

⑤ 100（１＋３％）（１＋３％）＝106.09円

COLUMN

マイナス金利政策

経済学では，政策金利がゼロ％を下回ることは想定していなかったが，先進国では，2008年の金融危機などで，限りなくゼロ％に近い政策金利で運営されていた。しかし，2012年にデンマーク，2014年にECB（欧州中央銀行），2016年に日銀がそれぞれ導入し，その他，スイス，スウェーデン，ハンガリーといった欧州諸国も採用している。マイナス金利政策は，民間銀行が中央銀行に預けている預金の金利をマイナスにすることで，銀行が金利負担を避けるために，企業や家計への貸出しに回すことを促す政策である。しかしながら，民間の企業や家計が借りてくれないと，銀行は金利を引き下げての貸出競争となり，貸出しと預金の利ザヤの差が縮小し，銀行の収益力が低下することで，かえって貸倒償却の原資がなくなり，貸出しを抑制するおそれも生じる負の側面も有している。

第13章　コーポレートファイナンス

1　コーポレートファイナンス（企業財務）

コーポレートファイナンスとは，すでに述べたように企業の財務活動である。財務活動には，資金調達と資金運用の両方が考えられるが，企業は通常，資金運用というよりは，商品・製品・サービスの提供で利益をあげることが目標である。そのために設備投資を行うが，本章では，設備投資については考察しない。第14章では，パーソナルファイナンス，すなわち，個人の財務活動につき取り扱うが，投資家は法人もあるものの，最終的には資金の余剰主体である個人が中心となる。そこで，第14章との関連において，本章では，企業の資金調達につき取り扱う。

企業が資金調達を行う場合，間接金融と直接金融に区分できる。間接金融の代表は，借入れである。大企業の場合は，銀行借入が中心となる。中小企業では，オーナーである社長自身から借り入れたり，親戚・知人から借り入れたりする場合もある。一方，直接金融では，株式発行による自己資本調達と，社債（債券）発行による他人資本調達がある。そのほか，旧転換社債，ワラント付社債など，株式と社債の中間的性格を有する資金調達手段もある。

2　株　　　式

株式とは，株式会社の出資の持分で，株式会社との権利関係や地位を表す。株は，もともと職業上や営業上の特権のことで，大相撲の年寄株，御家人株などの例がある。また，Ａさんのお株があがるという表現があるように，ある社会でのその人の人気や評価としても使われる。

すなわち，株主は，株式会社の資本の提供者で，かつ会社の構成員であるのに対して，株券は，株式会社の株主としての地位を表彰する有価証券，つまり出資の証拠証券のことである。

株式は，アメリカではstockと呼ぶが，イギリスでは，shareと呼び，同じ英語での言い方が異なる。アメリカでは，capital stock，すなわち元手の在り高が強調され，イギリスでは，share，元手を割合的単位に分割したもの（シェア）ということからの表現である。

また，equityは，equi（等しい），equal（同等の）の関連語である。このため，equityは自己資本あるいは株式資本を意味し，equity financeは自己資本調達，株式資本調達のことである。反対に，負債はdebt（デット。デッドではない。また，bは発音しない）で，debt financeは，社債や借入れによる他人資本調達のことである。

株主として，出資者になれば，主に以下の権利が得られる。

第一に，議決権で，株主総会の決議（投票）に参加できる権利である。

第二に，利益配当請求権で，会社が利益をあげれば，配当することを要求できる。配当収入は，インカムゲインと呼ばれる。

第三に，残余財産分配請求権で，会社を解散させ，清算した残りの財産を，配当として要求することができる。残余財産の分配収入は，いわば株式の償還損益，元本回収に伴う損益であり，キャピタルゲイン（プラスの場合）あるいはキャピタルロス（マイナスの場合）となる。

すなわち，株式は，ある会社への出資で，会社が利益をあげれば出資の金額に応じた利益配当が得られるとともに，会社が解散・清算した場合の残余財産の分け前に預かることができる。しかし，会社存続の途中で会社から投下元本を回収する方法はなく，他の人に株式を売却することで資金を回収する。

他の人に株式を売却する場所として，株式市場や証券取引所のニーズが発生することとなる。

投資家は，株式を保有することにより，インカムゲインとしての配当収入と，キャピタルゲインとして，値上がりによる売買益が期待できるが，期待とは裏腹に，株価が値下がりすれば，売買損というキャピタルロスもありうる。

また，わが国の株式投資においては，別途株主優待制度も忘れてはならない。

わが国の株主優待制度は諸外国と比べて規模が大きい。

株主優待制度は，会社が当該会社の株主に対して割引価格，あるいは無償で自社および子会社や関連会社の製品，商品，サービスを提供する制度である。個人株主づくりの奨励策で，優待内容は，買い物割引き・運賃割引きといった割引券，乗車券・施設入場券といった無料券，製品・商品・食事優待などの引換券，プリペイドカード（図書カード・QUOカード等），金券類（商品券・デパート共通券等）がある。

株主優待制度については，会計・税務面でも論点がある。会社は，利益がないと配当することはできない。しかし，株主優待は，自社製品の無償供与や，値引販売となる。プリペイドカードや金券類は，会社が現金で購入し，それらを，株主に無償で渡すことになる。値引き販売は，売上の値引きであり，通常大幅な値引きでなければ，対価を授受しており，税務上もそのまま認められる。金券類の購入は，会計上は費用となるが，税務上は交際費とされる場合もあるが，いずれにせよ，配当可能利益の計算においては税金を考慮しなくてもすむ。このように，ファイナンスにおいても，会計や税の知識が生かされる。

さて，投資家が，株式投資を行う意義は，資金の効率的配分に資する意味で会社への資金配分を行うことになる。さらに，最近では，環境にやさしいなど社会的責任にも配慮した企業を対象に投資が行われている。

企業（会社）の立場からいうと，投資家に株式投資をしてもらえるような魅力のある会社をめざすべきである。つまり，将来利益をあげることのできる業績の向上が見込まれる会社になるとともに，単に利益をあげるだけでなく，社会的責任を果たす企業にならなければならない。

さて，株式投資の基礎知識として，株価が上がる理由を確認しておこう。

第一に，将来の利益成長が見込めることで，株主は利益配当請求権を有することがその裏づけとなる。

第二に，現在の株価が解散価値より割安であることで，やはり，株主が残余財産分配請求権を有することがその背景となる。

第三に，子供のころから金利の本質を見抜き，経済学者となったケインズは，株式投資でも成功したが，株式投資は美人投票にほかならないとしている。つまり，通常の商品と同じく，買い手が売り手よりも多い，需給関係が良く，人気が高い会社の株式に投資すべきとする。会社の株式は増資が可能であるが，すぐに発行はできず，一定の手続きが必要で，発行済株式総数は有限である。

現在，証券取引所に上場している会社は，約4,000社あるが，年４回発行されている投資のバイブル書籍である，東洋経済の会社四季報が利用される（日本経済新聞の会社情報は，2017春号をもって休刊）。

また，株式投資の基本的尺度としては，ＰＥＲやＰＢＲがある。

ＰＥＲは，株価収益率のことで，株価÷１株あたり利益で計算される。

ＰＢＲは，株価純資産倍率のことで，株価÷１株あたり純資産で計算される。

いずれも，倍率が低いほうが割安で，投資妙味がある。ＰＥＲは，仮に利益が全額配当されれば，今の株価の投下元本が何年で回収されるかを意味するので，倍率が低い程，短期間に回収できる。一方，ＰＢＲは，株価と会社の解散価値をくらべているので，倍率が低い程，割高でないことを表す。倍率が１倍われの場合，会社を継続しないで，解散したほうが株主にとって有利となる。

計算例①１株あたり利益＝50円，１株あたり純資産＝500円，株価1,000円
　ＰＥＲ＝1000÷50＝20倍，ＰＢＲ＝1,000÷500＝２倍
計算例②１株あたり利益＝25円，１株あたり純資産＝800円，株価1,000円
　ＰＥＲ＝1000÷25＝40倍，ＰＢＲ＝1000÷800＝1.25倍
比較　ＰＥＲでは①が割安，ＰＢＲでは②が割安

3　債券（社債）

債券は，会社の借金を証券にしたもので，社債ともいう。当初決められた償還期日（満期日）には投下元本が返済されるとともに，通常年１回ないし２回利子が支払われる。集めた資金を使って，会社の事業がうまくいって予定以上

に利益をあげても，投資家はその分け前に預かることはできない。もちろん，債券も他人に売却して満期前に資金を回収することはできる。ただし，売却価格は当初元本とは限らないので，必ず投下元本を回収できるとは限らない。なお，債券はボンドと呼ばれ，債権（一定の給付を請求しうる権利）とは区分される。

債券投資は，株式投資と同様に，資金の効率的配分や環境にやさしいなど社会的責任にも配慮した企業を対象に行われる。債券投資では，金利収入（インカムゲイン）のほか，途中で売買されれば，売買損益（キャピタルゲインかキャピタルロス）が発生する。また，満期まで保有すれば，額面で償還されることから，途中で額面と異なる金額で購入した場合は償還損益が発生する。

債券投資においても，債券価格の変動を考慮しなければならない。しかし，株式と異なり，個別の会社の利益予想よりは，マクロ（日本経済全体）の景気動向や経済成長率などによる将来金利予想が重要となる。

価格と利回りの関係は，利回りが上昇すれば価格は下落，反対に，利回りが低下すれば価格は上昇と，逆相関となる。なぜならば，将来金利が上昇すれば，新しい債券の利率は高くなり，すでに発行されている利率の低い債券は人気がなくなり売られて価格が下落する。将来金利が低下すれば，その反対となる。

債券投資では，やはり債券格付けが重要である。格付会社は過去の倒産例から統計確率的にデフォルト（倒産）率を区分するが，一般的に，カテゴリー（区分）として，ＡＡＡ，ＡＡ，Ａ，ＢＢＢ，ＢＢ，Ｂ，ＣＣＣ，ＣＣ，Ｃに９区分され，ＡＡＡ（トリプルA）がもっとも高格付けで，デフォルト率が低い。また，ソブリンルールとして，国債がもっとも格付けが高い（信用度が高い）。また，債券は以下のように区分できる。

発行体（国債・地方債・社債），債券の募集の方法（公募債・私募債），満期までの償還期限（長期債・中期債・短期債），購入の時期（新規購入＝新発債・途中購入＝既発債），発行通貨による為替リスクの有無（円建債・外貨建債），利息の有無（利付債・割引債），発行体（居住者債・非居住者債）。

なお，ユーロ市場（おもにヨーロッパ）で発行されるユーロ円債は，円建債なので，為替リスクは生じない。

理解度確認の問題

（1）株式会社につき，次の空欄を埋めよ。

株式会社では原則として（　①　）の払い戻しは認められないので，それに代わるものとして（　①　）を回収しうるように株式の譲渡自由が設定されている。もっとも株式会社で特に株式譲渡を制限することもできるが，定款（会社の根本ルール）をもって，株式譲渡に際しては，取締役会の承認を必要とすることを定めることになる。ただし，我々が投資対象とする（　②　）に上場している株式では，譲渡制限はできない。

株式会社は，（　③　）をあげることが目的だが，そのためには，資金が必要となる。ただし，単に金儲けするだけでなく，会社も（　④　）を果たすのが今日の常識とされる。すなわち，過去は環境破壊しても儲かる，あるいは安く販売できれば良しとされていたが，限りある地球資源の保護の観点からも，環境維持の意識が叫ばれている。ドイツでは，価格が割高でも自然保護・環境保護に資する製品･商品が消費者に好まれる。このように，（　①　）を通じて，（　④　）を果たす企業を応援できるのが株式投資の社会的意義といえる。

株式は，ある会社への（　①　）で，会社が（　③　）をあげれば（　①　）の金額に応じた（　③　）配当が得られるとともに，会社が解散・清算した場合の（　⑤　）の分け前に預かることができる。一方，（　⑥　）は会社の借金であり，当初決められた償還期日（満期日）には投下元本が返済されるとともに，通常年１回ないし２回利子が支払われることになる。元利支払が確定している半面，会社が儲かっても，（　③　）の分け前に預かることはできない。

以下の表では，Ａ社はＰＢＲ，Ｂ社はＰＥＲで割安となる。

	株価	１株利益	１株純資産	ＰＥＲ	ＰＢＲ
Ａ社	4,800円	400円	3,000円	⑦	⑧
Ｂ社	1,200円	120円	600円	⑨	⑩

解答

① 出資（資金，元本，株式） ② 証券取引所（株式取引所） ③ 利益（利潤）

④ 社会的責任（環境責任） ⑤ 残余財産 ⑥ 社債（債券）

⑦ 12（倍） 4,800円÷400円＝12

⑧ 1.6（倍） 4,800円÷3,000円＝1.6

⑨ 10（倍） 1,200円÷120円＝10

⑩ 2（倍） 1,200円÷600円＝2

（2）債券につき，空欄を選択肢からうめよ。

債券は，正式には（ ① ）と呼ばれる。額面が100円で，5％のクーポン（利息）がついていれば，毎年5円の定額収入が得られるのでこう呼ばれる。年（ ② ）回利払いと，年（ ③ ）回利払いの債券があるが，一般的には年（ ③ ）回利払いが多い。

債券は会社が新規発行したものを投資家が取得（購入）するが，投資家は満期を待たずに，途中で売却することもできる。その舞台は，新規発行が（ ④ ）市場（プライマリーマーケット），途中売買が（ ⑤ ）市場（セカンダリーマーケット）と呼ばれる。

仮に満期5年後で年1回払い利息5％の債券が発行された1年後に，4年満期利息4％の債券が新たに発行されたとしよう。利息5％の債券も発行から1年経過しているので，ちょうど4年後が満期になる。この場合，この利息5％の債券保有者は，新規発行される利息4％の債券保有者とくらべて，毎年1％余分に利息を受け取ることができる。

したがって，その分だけ値打ちがあがり，少なくとも額面100円につき，（ ⑥ ）円以上で売却することができる。すなわち，キャピタル（ ⑦ ）が得られる。

反対に，仮に満期5年後で年1回払い利息5％の債券が発行された1年後に，4年満期利息6％の債券が新たに発行されたとしよう。この場合，この利息

５％の債券保有者は，新規発行される利息６％の債券保有者とくらべて，毎年１％少なく利息を受け取ることになる。したがって，その分だけ値打ちが下がったことになる。仮に，売却する場合は額面100円につき，高くても（　⑧　）円でしか売れなくなる。つまりキャピタル（　⑨　）となる。このように，債券投資のポイントは個々の銘柄属性でなく，将来の（　⑩　）がどうなるかの予想による。

約束された利息の期間が長いほど，金利の変化に伴う値打ちの変化が大きいが，このことを利回変化に対して，残存期間の長い債券ほど，（　⑪　）が高いという。

また，債券投資には，債券を発行する主体，たとえば国や地方公共団体，あるいは事業会社が元本や金利を支払えなくなるデフォルトリスクがある。これは，（　⑫　）が不能になる場合であって，事業会社の倒産などの事例が数多くある。これをあらかじめ考慮した投資方法には，（　⑬　）による債券格付けがかかせない。実際，この格付けによる（　⑭　）のちがいを反映して，債券の利息・発行単価等の（　④　）条件も異なってくる。

選択肢		E	発行	J	ゲイン
A	1	F	流通	K	ロス
B	2	G	価格変動性	L	確定利付証券
C	96	H	信用度	M	債務の履行
D	104	I	格付会社	N	金利動向

解答

①L　②A　③B　④E　⑤F

⑥D　⑦J　⑧C　⑨K　⑩N

⑪G　⑫M　⑬I　⑭H

第14章 パーソナルファイナンス

1　パーソナルファイナンス

パーソナルファイナンスは，個人の財産管理である。人生の3大イベントは，就職して結婚，住宅購入，勤めていた会社の定年退職と第二の人生（老後）のスタートとされているが，大きな資金が必要とされるのは，子供の教育資金，住宅購入資金，老後の資金である。もちろん，結婚に際し，結婚式・結婚披露宴・新婚旅行・家財道具など結婚資金も必要であるが，実は，結婚したあとにも，まだまだ多くの資金が必要となる。そこで，人生の局面に応じた資金つくりを計画的に行う必要がある。

年齢	人生のイベントと必要資金
0歳～22歳	学校教育を受けるが，基本的には親が教育資金負担
22歳～40歳	就職，結婚（結婚資金），住宅購入頭金，子育て資金
40歳～60歳	住宅ローン返済資金，子供の高校・大学進学資金，老後準備
60歳～80歳	第2の職場（公的年金は65歳から支給），老後資金確保

給料やボーナスから，毎月こつこつ貯蓄するのは当然であるが，それだけでは，なかなか必要額に到達しない。やはり，正しい資産運用の知識を身につけておく必要があろう。利子による複利効果が得られることも前述しているが，低金利時代では利子の金額も少ない。そうかといって，株式投資はリスクが大きい。

個人が最初から株式を買うには銘柄選択（会社選び）がむずかしい。そこで，投資信託についての運用が考えられる。また，日本の人口は減少すれば，国力も今までのようにはいかない。そこで，経済成長率の高い外国の資産での運用もポイントとなる。しかし，外国の資産運用では，外国為替がポイントとなる。そこで，外国為替についても検討する。

2　投資信託

投資信託は，投資，主に証券投資を目的とした信託貯蓄である。不動産への投資を目的とした不動産投資信託も商品化されている。

投資信託の基本的特徴としては，共同投資，専門家による運用・管理，分散投資があげられる。

共同投資とは，多くの投資家から，小口の資金を集めてまとまった金額とし，スケールの大きな投資を可能とすることである。

専門家による運用・管理とは，投資家に代わって，プロである専門家が，種々の手法を駆使して運用・管理を行うことにより，個人が独自の判断で行うレベルとは異なる運用成果を期待するものである。

分散投資は，運用対象として，世界各国の市場に対して広範囲に投資を行うことである。１つの金融商品に集中投資することを避けて，できるだけ種々の金融商品に投資することで，危険（リスク）を減少させることを目的とする。この分散投資を言い表す格言として，「卵は１つの籠に盛るな」が有名である。

投資信託の関係者は，以下のとおり。

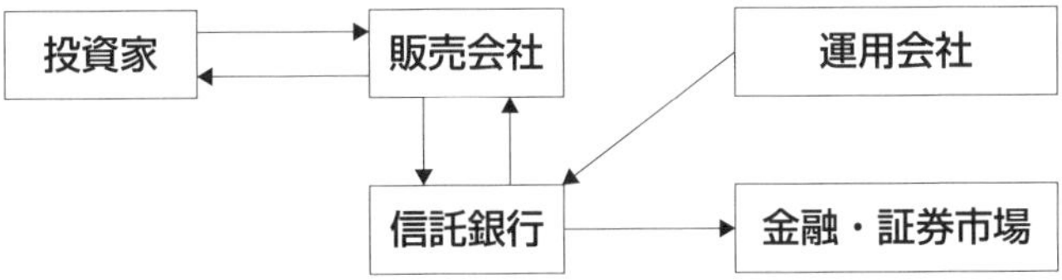

運用会社は，投資信託商品の開発（商品設計）および，実際の運用を行う。役割としては，ファンドの企画・商品化や，実際の資金運用である。しかし，株式・債券などの注文は信託銀行経由で，証券会社などに行われる。

販売会社は，顧客との窓口である。投資信託の購入や換金，分配金・償還金の支払等の手続きを行う。投資信託に関するいろいろな質問や相談も受けつける。直接，顧客と接していることから，顧客ニーズを反映した投信信託の商品設計を行うこともある。

信託銀行は，投資家から集めた資金の保管や管理を行う。信託の財産管理機能の活用として，運用会社による資金の着服防止が可能となる。

投資信託は，いわゆるパッケージ商品であり，購入可能時期により，単位型（ユニット型）と追加型（オープン型）に区分される。単位型は，決められた募集期間のみの期間限定である。追加型は，文字どおり追加設定可能で期間無限定である。購入可能な金額は，ファンドごとに異なるが，一般的には，１万円単位である。中期国債ファンド・ＭＭＦ・ＭＲＦ等の財布がわりのものは，１円単位で購入可能である。

手数料は，通常，申込金額の２から３％で，ファンドにより異なる。基本は運用の難易度が高い程，手数料も高くなる。手数料の支払方法も，申込み時支払，換金時支払，別途支払，差引き支払などがある。ちなみに，手数料のかからないファンドもあり，ノーロードファンドと呼ばれる。ロード（load）とは，荷物・負担のことで，ノーロードは負担なしを意味する。

投信信託は，メリット・デメリットの両方があるので，目論見書をよく読んで，購入するか判断すべきである。

投資信託利用のメリット（意義）は，投資金額が少額でも，株式・債券の購入金額の制約やリスク分散の制約を回避することができる。また，約4,000の投資信託が国内で販売されており，新たな投資機会として，オーストラリア金鉱株ファンド（金鉱を保有している会社の株に投資），月次分配型ファンド（分配金を毎月受け取れる）などが可能となる。反対に，投資信託利用のデメリットとして，関係する当事者が多く，費用がかかりコスト高となる。また，運用不振による繰上げ償還が行われると，意図せざる元本の回収，しかも多くの場合，実現損失が発生し，当初見込んだ長期運用が不可能となる。

目論見書（もくろみしょ）

投資信託の各商品（ファンド）ごとに作られている説明書。投資信託説明書と表示している場合もある。運用，手数料，運用機関など重要事項が，図表，イラスト，Ｑ＆Ａを交えてわかりやすく説明されている。

3　外国為替

為替は，隔たった地域間のお金のやりとりを現金を使わずに行うことで，本来立替を意味する。外国為替は，この国際間における為替取引である。外国為替取引は，異なる国の異なるお金（貨幣）を交換することになる。

当初，金・銀以外の種々の商品（塩，絹，麦，米，家畜，宝貝）が貨幣として機能したが，やがて，交換するために商品を生産する市場経済社会（資本主義社会）では，金か銀のみが貨幣としての役割を果たすようになった。しかし，砂金ないし金塊のままでは，いちいち重量を測ったり，純度を確かめるなど不便で，これを解消するため，国家管理のもと鋳貨（ちゅうか）＝鋳造貨幣（金貨，銀貨）が生まれた。鋳造とは，一定量の金塊に刻印し，その金貨の重量と品位を保証することである。そのため，重さを量ったり，試金（純度の確認）も不要となり，流通・売買が格段に便利になった。

ただし，何を鋳貨にするかで，４つに区分される。

金を中心に貨幣を鋳造する金本位制，銀を中心に貨幣を鋳造する銀本位制，金銀ともに貨幣を鋳造する金銀複本位制，金貨とともに銀行券も流通する金紙混合流通制の４つである。

銀行券も，兌換（だかん）銀行券と不換（ふかん）銀行券に区分される。

兌換銀行券は，金貨への支払約束をした銀行券（一種の金預託証）で，不換銀行券は，金に兌換されない。今日の管理通貨制のもとでは，金貨が流通しなくなり，金の裏づけが必要なく，通貨の発行量は人為的に管理可能である。

金本位制を採用している国々の貿易決済は，売り手の輸出者が金を受け取り，買い手の輸入者が金を支払うことで終了するが，これを国際金本位制という。しかし，金本位制といっても，国ごとに通貨の名前，単位，金含有量が異なるため，各国の金貨がそのまま海外で通用しないので，輸入業者が金を実際に輸出業者に送金する現送（げんそう）が行われるが，コストやリスクの問題がある。

そこで，金の含有量から為替レートが決まる為替平価が採用された。たとえば，米国の１ドル金貨は1.5グラムの金（1900年通貨法），日本の１円金貨は0.75グラムの金（1897年貨幣法）を含んでいるので，１ドル＝２円とされた。

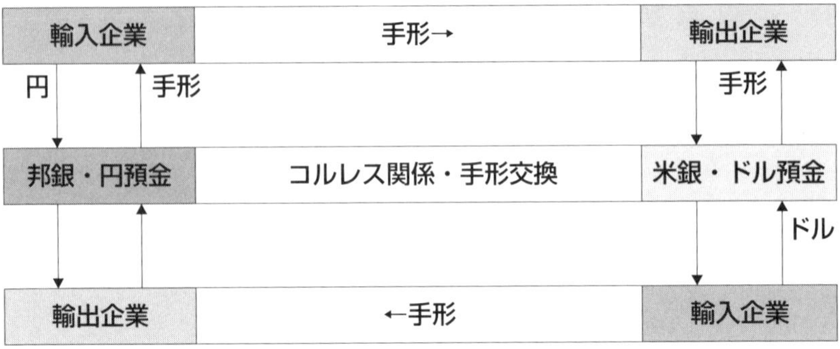

すなわち，いちいち金を現送せずに，外国為替銀行が外国為替取引の仲介をし，国際間の資金取引の決済を行う外国為替制度が設けられたのである。

この金為替本位制では，民間銀行は自由に金を入手できないので，銀行間のコルレス残の過不足は政府が調整することになる。

コルレス預金が過剰であれば，政府が銀行から外貨を買入し，相手国政府から当該外貨で金を購入する。つまり，預金が金に代わる。

コルレス預金が不足なら，金を相手国政府に売却し外貨を入手し，銀行に入手した外貨を自国通貨で売却する。つまり，預金不足を金で補う。

第２次世界大戦後は，ＩＭＦ体制（国際通貨基金，International Monetary Fund）のもとで，固定為替相場制（外国為替相場の変動幅が限られている）が維持され，金１トロイオンス（31.1035グラム）＝35ドルと決められていた。ちなみに，１ドル＝360円であったので，１グラムは，360×35÷31.1035＝405.1円となる。トロイオンスは金の単位で，通常のオンスは１オンス28.35グラムである。

しかし，1971年８月のニクソンショックで，ドルの金交換停止が行われ，1973年の変動為替相場（外国為替相場の変動幅に限界がない制度）が採用されることとなった。米国の貿易赤字，財政赤字によるドル危機（ドル垂れ流し）で，過剰なドルの流通（コルレス不足となる）で，金の売却が十分に賄えなくなるおそれが生じたからである。変動為替相場制のもとでは，通貨も商品であり，売り手と買い手の需給関係で為替相場が決まる。

理解度確認の問題

投資信託とは，不特定多数の（　①　）から資金を集めて，ファンド（基金）をつくり，その資金を（　②　）が運用し，利益を（　①　）に分配する金融商品である。

（　③　）はかつて証券会社だけだったが，金融ビッグバン（金融・証券の大幅な規制緩和）によって，銀行や保険会社などの店頭でも販売できるようになった。実際，最近の（　④　）の残高増加の約４割は，銀行の販売取扱い分である。さらに，郵貯銀行の窓口でも，投資信託は取り扱われている。

ファンドの資金を保管・管理しているのは（　⑤　）で，その資金の運用指示をしているのは（　⑥　）または投資顧問会社である。このように，投資信託は，販売・管理・運用の３者の分業体制で成り立っている。

投資信託には，従来の有価証券(株式，債券等)を中心に運用している（　⑦　）と不動産で運用している（　⑧　）の２種類がある。

（　⑦　）には，どの有価証券を中心にするかによって，（　④　）と（　⑨　）に区分される。（　④　）は，株式を中心に運用するものである。株式の残高が，公社債の組入れ残高より少なくても，株式残高がゼロでも，株式を組み入れることが可能な約款（決め事）であれば，（　④　）という。（　⑨　）は，株式を一切組み入れず，公社債（国債，地方債，社債など）である債券や，ＣＤ（譲渡性預金：自由に譲渡することのできる預金），ＣＰ（コマーシャルペーパー：企業が短期の資金調達のために発行する約束手形）などで運用している。

したがって，（　④　）は，主に株式で運用しているため，高い値上がり益が期待できる半面，値下がりして元本を割り込む可能性もある。つまり，ハイリスク・ハイリターン商品といえる。一方，（　⑨　）は，満期まで保有すれば，利回りの確定できる公社債や，短期金融商品で運用しているので，比較的安定的な利回りが期待できる。この意味で，ローリスク・ミドルリターンと呼ばれる。しかし，実際には各ファンドの運用方針を（　⑩　）（商品の案内書）で，十分に確認し，リスクを判断する必要がある。

選択肢

A	信託銀行	F	目論見書（もくろみしょ）
B	販売窓口	G	株式投資信託
C	投信運用会社	H	公社債投資信託
D	専門家	I	証券投資信託
E	投資家	J	不動産投資信託（リート）

解答と解説

①E　②D　③B　④G　⑤A

⑥C　⑦I　⑧J　⑨H　⑩F

外国為替につき，以下の空欄を選択肢から選べ。

（　①　）は，外国との取引において，（　②　）を輸送することなく決済するしくみである。（　②　）の立替に加えて，他国通貨との（　③　）が生じる点に特徴がある。海外には，最終決済を行う（　④　）がないため，預金口座は通貨別に各国の銀行に設けられている。この海外の銀行との為替取引契約のことを（　⑤　）契約と呼んでいる。外国為替は，（　⑥　），送金，国際的な資金貸借で必要とされる。

買い手が売り手にお金を送る方法を（　⑦　）為替・並為替といい，売り手が買い手からお金を取り立てる方法を（　⑧　）為替・逆為替という。

海外との決済には，（　⑨　）と外国通貨との交換が必要となる。その交換比率が（　⑩　）である。10ドルの商品を輸入するのに，１ドル＝110円のときに注文を出し，すぐにドルを手当てして送金すれば，この商品は1,100円で輸入したことになる。

しかし，少し時間をおいて送金することにして，１カ月後，１ドル＝100円のときに送金することとした。つまり10ドル手当てするのに1,000円ですんだ。この場合，為替レートは（　⑪　）になり，100円の（　⑫　）となる。

一方，1カ月後に1ドル＝120円になった場合は，10ドル手当てするのに1,200円かかる。為替レートは（　⑬　）になり，100円の（　⑭　）となる。このように，外国為替取引では為替相場の変動で儲かったり損したり，為替（　⑮　）を伴うことになる。

選択肢

A	コルレス	F	外国為替	K	現金
B	交換	G	中央銀行	L	送金
C	取立	H	貿易	M	円高ドル安
D	円	I	円安ドル高	N	リスク
E	為替差益	J	外国為替相場	O	為替差損

解答

①F　②K　③B　④G　⑤A

⑥H　⑦L　⑧C　⑨D　⑩J

⑪M　⑫E　⑬I　⑭O　⑮N

解説

円高ドル安：円の価値がドルの価値より向上。輸入する場合，円ベースで安く買える。

円安ドル高：円の価値がドルの価値より低下。輸出する場合，円ベースで手取りが増える。

為替差益：外国為替相場の変動によって生じる交換差益

為替差損：外国為替相場の変動によって生じる交換差損

現実には，円，ドル，ユーロの3すくみ（3基軸通貨）。従来は円とドルの関係のみ。かつて，ソニーは，円高ドル安の為替差損を円安ユーロ高の為替差益でカバーし増益のケースがあった。

第15章 財務諸表の実例（オリエンタルランドと浦和レッズ）

1　オリエンタルランド

株式会社オリエンタルランド（以下オリエンタルランド）は，1960年に設立され，東京ディズニーランドや東京ディズニーシーの両テーマパークを経営・運営するほか，ホテルの経営・運営，イクスピアリの経営・運営，モノレールの経営・運営を行っている。

千葉県浦安沖の海面を埋立て，商業地・住宅地の開発と大規模レジャー施設の建設を行い，国民の文化・厚生・福祉に寄与することを目的として，当初の資本金は2億5,000万円で設立された。埋立工事と並行して，舞浜地区に東洋一（オリエントー）のレジャーランドを建設するためのマスタープランの検討では，現在の東京ディズニーリゾートとは異なる独自の計画とされていた。

1960年代中ごろから始まったレジャーランド構想の検討作業では何回か修正が施されたのち，1974年に，最終案である「オリエンタルランド（レジャー施設）基本計画」が千葉県に承認された。メインテーマを「すばらしい人間とその世界」としたこの基本計画は，テーマ性を備えたプレイランド（テーマパーク），ホールエリア，ファッションスクエア，ホテルなどが集積した画期的な総合レジャー施設構想であった。その後，欧米のレジャー施設調査が開始され，1972年5月には，米国のディズニーランドやウォルト・ディズニー・ワールドにも調査団が派遣された。そして，1974年ごろにディズニーランドの誘致の本決まり，1980年に，東京ディズニーランドの建設着工，1983年に，竣工・開業，2001年には，東京ディズニーシーの開業などを経て，日本におけるテーマパークのNo.1として，今日に至っている。

このような背景から，会社名に，ディズニーが含まれておらず，オリエンタルランドとされている。また，オリエンタルランド社の株式は，1996年に東京証券取引所に上場され，オリエンタルランド社はいわゆる証券取引所上場会社であり，企業の財務情報の開示（ディスクロージャー）が充実している。以下は，2020年３月決算の連結財務諸表の一部である。

連結損益計算書

2018年度（2018. 4～2019. 3），2019年度（2019. 4～2020. 3）
（単位：百万円）（△印減）

項目	2018年度	2019年度	増減額	注
売上高①	525,622	464,450	△61,172	【１】
売上原価②	326,283	300,601	△25,681	
売上総利益③＝（①－②）	199,339	163,849	△35,490	
販売費及び一般管理費④	70,061	66,986	△3,074	
営業利益⑤＝（③－④）	129,278	96,862	△32,415	【２】
営業外収益⑥	2,198	2,582	384	
営業外費用⑦	2,037	1,382	△654	
経常利益⑧＝（⑤＋⑥－⑦）	129,439	98,062	△31,376	
特別利益⑨	—	341	341	
特別損失⑩	—	9,270	9,270	
税金等調整前当期純利益⑪＝（⑧＋⑨－⑩）	129,439	89,133	△40,305	【３】
法人税，住民税及び事業税⑫	39,193	25,048	△14,145	
法人税等調整額⑬	△40	1,868	1,908	
当期純利益⑭＝（⑪－⑫－⑬）	90,286	62,217	△28,068	【４】

（オリエンタルランド社ＨＰデータを筆者が修正加工。以下の説明も同じ）

【１】東京ディズニーリゾート35周年イベントの翌年であるものの，東京ディズニーシーにオープンした新規アトラクション「ソアリン：ファンタスティック・フライト」及び両パークで開催した季節感あふれるスペシャルイベントが好評を博したことから，入園者数が好調に推移した。しかしながら，新型コロナウイルス感染拡大防止のため，東京ディズニーランド・東京ディズニーシーの両パークを2020年2月29日から休園した。また，同期間中，当社直営ディ

ズニーホテルも一部内容を変更して営業した。両パークが臨時休園となったことからテーマパーク入園者数は減少したことに加え，ゲスト1人当たり売上高も減少した結果,売上高は前年同期比11.6%減の464,450百万円となった。

【2】人件費は，業績賞与の減や特別損失への振替などによる準社員人件費の減，諸経費は，システム関連費用の増加があったものの，東京ディズニーリゾート35周年イベント関連費用の減などによる減少，減価償却費は，「ソアリン：ファンタスティック・フライト」による増加があったものの，特別損失への振替などから減少となり，コストが減少したものの，売上高が減少したことで，営業利益は前年同期比25.1%減の96,862百万円となった。なお，売上高対営業利益率（営業利益÷売上高）も20.9%に減少した。

【3】臨時休園に伴い，特別損失として臨時休園による損失9,270百万円を計上した。内訳は，臨時休園期間の固定費（人件費・減価償却費など）69億円と，商品・原材料の廃棄損など23億円である。一方，特別利益として，投資有価証券売却益341百万円を計上した。特別損失や特別利益は，名前のとおり，特別な損益項目であり，一般的にあまり計上されない。特別損益項目が計上されない場合は，経常利益と税金等調整前当期純利益は一致する。

【4】売上高は，611億円減の4,644億円，営業利益は，324億円減の968億円，経常利益は，313億円減の980億円，親会社株主に帰属する当期純利益は，280億円減の622億円と，売上高，各利益ともに，減収減益となった。

連結貸借対照表 1

（単位：百万円）（△印減）

資産の部	2019年３月末	2020年３月末	増減	注
流動資産	441,835	316,741	△125,094	
（現金及び預金）	377,551	261,164	△116,386	【A】
（受取手形及び売掛金）	22,083	7,225	△14,857	
（有価証券）	20,999	19,999	△999	
（たな卸資産）	17,323	20,087	2,764	
（その他）	3,877	8,263	4,385	
固定資産	609,619	693,910	84,290	
（有形固定資産）	514,322	610,586	96,264	
（建物及び構築物）	270,971	291,012	20,040	【B】
（機械装置及び運搬具）	28,125	34,557	6,432	【B】
（土地）	117,653	117,653	—	
（建設仮勘定）	82,342	152,165	69,822	【B】
（その他）	15,228	15,197	△30	
（無形固定資産）	13,770	16,334	2,564	
（投資その他の資産）	81,527	66,989	△14,538	
資産合計	1,051,455	1,010,651	△40,803	【5】

（オリエンタルランド社ＨＰデータを筆者が修正加工。以下の説明も同じ）

【5】資産合計は，前期末比3.9％減の1,010,651百万円となった。流動資産は，現金及び預金の減少などにより，前期末比28.3％減の316,741百万円となった。固定資産は，有形固定資産の増加などにより，前期末比13.8％増の693,910百万円となった。

【A】261,164百万円は年間売上高464,450百万円の56.2％であり，365日×0.562≒212日分の売上高の手元流動性（現金・預金等）となり，現金売上中心の売上構造を意味する。

【B】ちなみに，ここ５年の設備投資額と減価償却費は以下のとおりである。

なお，2020年３月の設備投資額の内訳は，テーマパーク事業1299億円，ホテル事業51億円，その他46億円である。

（単位：億円）

項目	2016. 3	2017. 3	2018. 3	2019. 3	2020. 3
減価償却費	359	382	373	382	394
設備投資額	397	509	598	860	1396

連結貸借対照表２

（単位：百万円）（△印減）

負債の部	2019年３月末	2020年３月末	増減	注
流動負債	154,652	100,495	△54,156	
（支払手形及び買掛金）	19,907	13,921	△5,986	
（１年内償還予定の社債）	20,000	—	△20,000	
（１年内返済予定の長期借入金）	6,119	4,580	△1,539	
（未払い法人税等）	22,470	7,991	△14,478	
（その他）	86,154	74,001	△12,153	
固定負債	93,601	89,898	△3,702	
（社債）	80,000	80,000	—	
（長期借入金）	2,304	2,488	184	
（退職給付にかかる負債）	4,483	3,537	△946	【Ｃ】
（その他）	6,813	3,873	△2,940	
負債合計	248,253	190,394	△57,859	【６】

（オリエンタルランド社ＨＰデータを筆者が修正加工。以下の説明も同じ）

【６】負債合計は，前期末比23.3％減の190,394百万円となった。流動負債は，１年内償還予定の社債の減少などにより，前期末比35.0％減の100,495百万円となった。固定負債は，その他の固定負債の減少などにより，前期末比4.0％減の89,898百万円となった。

【Ｃ】退職給付にかかる負債（従来は，退職給付引当金と呼ばれていた）は，退職給付会計基準という従業員が退職後に受け取る一時金・年金等の企業における費用処理の会計処理を定めたルールにより計上されている。退職を起因として企業が従業員に給付する退職給付債務（一時金・年金を問わず含められる）を一定の割引率で，現在価値に引きなおし，年金資産を差し引いた残額が，退職給付にかかる負債として計上されることになる。

連結貸借対照表 3

（単位：百万円）（△印減）

純資産の部	2019年３月末	2020年３月末	増減	注
株主資本	782,674	810,298	27,623	
（資本金）	63,201	63,201	—	
（資本剰余金）	111,938	111,970	31	
（利益剰余金）	696,718	744,452	47,733	
（自己株式）	△89,183	△109,325	△20,141	【D】
その他の包括利益累計額	20,526	9,958	△10,568	
（その他有価証券評価差額金）	19,320	9,623	△9,697	
（繰延ヘッジ損益）	—	74	74	
（退職給付に係る調整累計額）	1,206	261	△944	
純資産合計	803,201	820,257	17,055	【7】
負債純資産合計	1,051,455	1,010,651	△40,803	

（オリエンタルランド社ＨＰデータを筆者が修正加工。以下の説明も同じ）

【7】純資産合計は，利益剰余金が増加したことなどから，前期末比2.1％増の820,257百万円となり，自己資本比率（純資産合計÷負債純資産合計）は，前期末比4.8ポイント増の81.2％となった。自己資本比率が高いことは，負債，すなわち，借金の割合が低いことを意味し，オリエンタルランドの財務体質が強固・健全で，安全性が高いことを意味している。利益剰余金とは，利益を源泉とする剰余金（内部留保）のことである。損益計算書では，当期純利益は62,217百万円計上されていて，利益剰余金の増加額の47,733百万円と一致

しない。差額の14,484百万円は，株主への剰余金の配当によるものである。配当は年２回（３月末基準と９月末基準）であり，2019年６月28日に7,242百万円，2019年12月３日に7,242百万円がそれぞれ，株主に支払われている。なお，配当金とは別に，株主優待制度として，所有株式数に応じて，東京ディズニーランドまたは東京ディズニーシーで利用可能な株主パスポートももらえる。

【D】自己株式とは，会社自身が保有している自社の株式のことである。要するに，他の株主が保有している株式を会社が購入すれば，本来は，会社の財産が減少し，資本金も減額することとなるが，会社が，取得した自社株式を他の株主に売却することもあるため，資本金を減額せずに，会社が購入した帳簿価額を自己株式として計上し，マイナス項目として表示している。一般に，会社が自己株式を保有するのは，自社の株式が安いと思われる場合で，M&Aで，他の会社を買収する場合に，現金の代わりに，自社株で買収対価を支払う場合や，従業員等に，従業員福利厚生の充実や，会社の企業価値向上に係るインセンティブの付与を目的とした従業員持株会型ＥＳＯＰ制度で，従業員に自社株を計画的に売却するため，事前に自社株を取得することが理由としてあげられる。

ここでは，前期末△89,183百万円が，当期末△109,325百万円となっているのは，会社が保有している自己株式が20,141百万円増加していることを意味している。内容は，公開買付による自己株式の取得が207億円，保有している自己株式の従業員持株会への売却が６億円で，差し引き，201億円増加と思われる。

会社が社債を発行して資金調達を行っている場合でも，社債の支払期限（満期日）が到来していないのに，その社債の満期前の債務の繰上償還（返済）を希望することがある。その場合，社債の保有者を探し出してきて買い戻し交渉をすることになるが，社債保有者（債権者）の都合等で実行できない場合に，その現在価値に相当する金額を銀行に預託する代わりに，銀行が債務履行を肩代わりする取引のことをデット・アサンプションという。債務（debt）を引き受ける（assumption）というファイナンス取引である。オリエンタルランド社は，2013年度（2014年３月決算）において，この種の取引を実行していたが，一定の条件のもと，貸借対照表から社債および現金（預金額）を控除でき，差額が社債償還損益として計上されることになる。

なお，オリエンタルランド社の連結損益計算書と連結貸借対照表と「連結」の語句が含まれているのは，オリエンタルランド社単独ではなく，一定の基準でグループ会社（企業集団）とされる会社も含んでいることを意味している。

また，連結損益計算書の増減比は単位未満を四捨五入，それ以外連結損益計算書と連結貸借対照表はすべて単位未満を切り捨てて表示している。

2　浦和レッドダイヤモンズ

浦和レッドダイヤモンズ株式会社（以下浦和レッズ）は，1992年３月10日に，当初の資本金5,000万円で設立された。日本におけるプロサッカーリーグであるＪリーグへの参加をめざして，プロサッカーチームを保有し，プロサッカー試合の興行，プロサッカーに関する広告宣伝およびグッズの開発・販売することを，会社の事業目的としている。2017年１月増資後の資本金は27,280万円で，発行済株式総数は4,000株である。筆頭株主は，2,030株（50.75%）の株式を保有するダイヤモンドF.C.パートナーズ株式会社である。ついで，さいたま市と埼玉県の２団体が各160株（4.00%）の株式を保有している。以下，80株（2.00%）の株式保有が５社，60株（1.50%）の株式保有が１社，40株（1.00%）の株式保有が23社，30株（0.75%）の株式保有が３社，20株（0.50%）の株式保有が９社と，合計44者（42社と２団体）が株主となっている。

浦和レッズの収入をあげるには，やはり，クラブの試合の成績が鍵となろう。

ちなみに，2015年度から2019年度までの最近の５年間をみてくと，以下のとおりである。

Ｊ１リーグ年間順位は，3位，2位，7位，5位，14位である。

ＹＢＣルヴァンカップ（2015年度まではヤマザキナビスコカップ）の成績は，準々決勝，優勝，準々決勝，プレーオフステージ，準々決勝である。

天皇杯成績は，準優勝，4回戦，ラウンド16，優勝，ラウンド16である。

ＡＦＣチャンピオンズリーグ（ＡＣＬ）の成績は，グループステージ，ラウンド16，優勝，出場なし，準優勝である。

Ｊリーグ，カップ戦等主催試合の合計である主催試合入場者数は，757,279人，837,237人，801,401人，681,585人，802,786人となっている。

ちなみに，オリエンタルランド社と異なり，証券取引所上場会社ではなく，いわゆる，非上場会社であり，一般には財務情報の入手は困難である。しかしながら，Ｊリーグの要請で，健全なクラブ経営をめざすことから，Ｊリーグ各チームは，主な経営情報を公開している。

クラブ収支状況（年度は２月～１月。2019年度は2019年２月～2020年１月）（単位：百万円）

項目	2015年度	2016年度	2017年度	2018年度	2019年度
営業収入	6,088	6,606	7,971	7,549	8,218
（入場料収入）	2,174	2,375	2,337	1,923	2,300
（広告料収入）	2,549	2,593	3,193	3,226	3,841
（グッズ収入）	687	778	813	954	903
（Ｊリーグ分配金）	270	319	536	389	468
（その他）	408	541	1,092	1,057	706
営業費用	5,961	6,426	7,415	7,540	8,082
（事業費用）	5,301	5,749	6,544	6,694	7,171
（事業運営費）	2,677	2,805	3,141	2,835	3,180
（チーム運営費）	2,624	2,944	3,403	3,859	3,991
（選手・監督・コーチ報酬）	2,100	2,381	2,644	3,108	3,228
（一般管理費）	660	676	871	846	911
営業利益	127	180	556	9	135
経常利益	126	184	536	32	139
当期純利益	51	173	331	39	62

（浦和レッズ社ＨＰデータを筆者が修正加工。以下の説明も同じ）記載金額は百万円未満を四捨五入して表示している。

クラブ財産状況（年度は１月末現在。2019年度は2020年１月末）　　（単位：百万円）

項目	2015年度	2016年度	2017年度	2018年度	2019年度
総資産	1,549	2,015	3,136	3,180	3,141
総負債	789	828	1,619	1,623	1,522
純資産	789	1,187	1,518	1,557	1,619
資本金	160	386	386	386	386

（浦和レッズ社ＨＰデータを筆者が修正加工。以下の説明も同じ）記載金額は百万円未満を四捨五入して表示している。

このクラブ収支状況とクラブ財産状況に関して，クラブ自身が公開しているコメントは以下のようである。

「2019年度の事業収入については，史上初の80億円を超える，82億1,766万円となり，過去最高を記録しました。事業運営費，チーム運営費，一般管理費を合わせた営業費用は80億8,172万円となり，この結果，営業利益が１億3,594万円，当期純利益は6,198万円となり，9年連続で黒字を確保しました。」

「入場料収入は，約23億円となりました。広告料収入は，新規パートナーの獲得，ＲＢＣ（レッズビジネスクラブ）の獲得などが功を奏し，38億円を超え，過去最高を達成しました。グッズ収入は，ＡＣＬでの勝ち上がりで試合数が２試合増え，スタジアムでの販売機会も増えたことで，前年よりも下回ったものの，2年連続で９億円を超えました（前年度比5,134万円減）。その他収入とリーグ分配金の合計は，ＡＣＬ準優勝賞金やＡＦＣなどからのプレミアム収入により，11億7,454万円（前年度比２億7,073万円減）となりました。」

「純資産は16億1,881万円と昨年に続き，過去最高を更新しました。過去の利益の蓄積である利益剰余金は12億3,321万円（前年度比6,198万円増）となりました。」

また，収支状況に関して，以下のような説明がなされている。

営業収入の「Ｊリーグ分配金」には賞金は含まれていない。営業収入の「その他」には選手移籍関連収入，賞金，出場料，出演料，スクール収入，育成

（アカデミー）関連収入等が含まれている。

さらに，2019年度の費用の主な内訳も説明している。

費用の主な内訳（単位：百万円）

事業運営費3,180は，スタジアム運営関係費1,001，広告料関係費740，グッズ関係費・その他事業費 1,297，ホームタウン関係費用144に区分される。

スタジアム運営関係費1,001は，「試合関連経費［スタジアム使用料，警備費，運営設営費］」のほか，チケット手数料，広告宣伝費，ＪＦＡ納付金，イベント費等が含まれている。

広告料関係費740は，バーター取引相当分，レッズランド向け広告宣伝費，広告代理店手数料，業務委託費等が含まれている。

グッズ関係費・その他事業費1,297は，商品原価，グッズ運営管理費，ＲＥＸ ＣＬＵＢ費，広報活動費等が含まれている。

ホームタウン関係費用144は，レディース活動費のほか，ホームタウン活動費，ハートフル活動費が含まれている。

チーム運営費3,991は，選手・監督・コーチ報酬3,228，トップチーム運営経費602，育成（アカデミー）運営経費77に区分される。

選手・監督・コーチ報酬3,228は，選手と指導者の報酬の総額（育成，レディース等含む）である。

トップチーム運営経費 602は，移動関連費，施設関連費，寮関連費，代理人手数料等である。

育成（アカデミー）運営経費 77 は，移動関連費，施設関連費等である。

レディースチーム運営経費 84は，移動関連費，施設関連費等である。

一般管理費911は，労務費，各種賃借料，業務委託費，Ｊリーグ年会費等である。

このように，浦和レッズは，損益計算書という正式名称を使わずに収支状況，また，貸借対照表という正式名称を使わずに財産状況と，それぞれ，タイトルを掲げて，ＨＰで説明している。

しかも，収支状況は比較的，こまかく説明しているが，財産状況は，資産・負債・純資産の３区分のみで，純資産の内訳として資本金が掲載されているにすぎない。しかし，これでも，浦和レッズは，他のクラブに比べて，経営状況は良いほうである。観客の入場者数も多いし，年間売上・年間収入は約80億円のレベルに達している。Ｊ２のカテゴリーになると，年間売上・年間収入が約数億円のチームも存在するなど，経営難のチームも多い。

ところで，Ｊリーグの事務局が，2019年度のＪ１とＪ２の全チームの経営状況を一覧比較したものをＨＰで公開している（J.LEAGUEのＨＰ→About J→経営情報→Ｊクラブ個別経営情報開示資料（平成31年度），2020年７月）。それによると，浦和レッズのデータがＨＰもより詳細に公開されている。浦和レッズのトップチーム運営経費を，浦和レッズは602百万円，Ｊリーグ事務局は572百万円とそれぞれ公開しており，集計方法が違っているようで，他の項目も含めて，経営状況を分析する際には，注意が必要である。なお，クラブライセンス制度の導入で，決算書類は公認会計士の監査が必須とされている。

営業収益は，8,218百万円で，内訳として，スポンサー収入3,841百万円，入場料収入2,300百万円，Ｊリーグ分配金468百万円，アカデミー関連収入12百万円，物販収入903百万円，その他収入694百万円となっている。

営業費用は，8,082百万円で，内訳として，チーム人件費3,228百万円，試合関連経費650百万円，トップチーム運営経費572百万円，アカデミー運営経費75百万円，女子チーム運営経費84百万円，物販関連費542百万円，販売費及び一般管理費2,931百万円となっている。

結果，営業収益から営業費用を差し引いた営業利益は136百万円である。

ただし，この営業収益や営業費用は，クラブ運営法人単体の数値である。浦和レッズの場合，アカデミー（育成・普及）事業を，クラブ運営法人と直接関係のあるＮＰＯ法人や一般社団法人に一部移管しているようである。一部移管していることがわかるのは，営業収益の一部として，アカデミー関連収入12百万円，営業費用の一部として，アカデミー運営経費75百万円が開示されているほか，別途，関連する法人（アカデミーなどサッカーおよびその他関連する事業を運営する法人）の営業収益は260百万円であると，公表されているからである。

営業利益に営業外収益11百万円を加えて，営業外費用８百万円を差し引いた経常利益は139百万円である。

特別利益と特別損失はいずれもゼロなので，税引前当期利益は経常利益と同額の139百万円である。

ここから法人税および住民税62百万円を差し引いて，最終利益である当期純利益は77百万円である。

また，資産の部の内訳は，流動資産792百万円と固定資産等2,349百万円である。固定資産等の「等」の意味は，固定資産に繰延資産も含めて表示しているからである。

同様に，負債の部の内訳は，流動負債1,293百万円と固定負債229百万円である。

最後に，資本（純資産）の部の内訳は，資本金273百万円，資本剰余金等113百万円，利益剰余金1,233百万円となっている。資本剰余金等とは，資本準備金のことで，2017年１月に増資が行われた際に，新規で株主となった会社があったことによるものである。新規で株主になった会社は，資金の払込に際して，過去からの利益の蓄積である利益剰余金相当分を加えて，いわゆるプレミアムを上乗せしたお金の払込をすることになるからである。もし，プレミアムを上乗せしないで，株主になれるとするならば，昔から（既存）の株主の会社財産の価値がその分だけ低下して，損することになるからである。すなわち，新規で株主になった会社が払い込んだ資金を，既存の株主が払い込んだ金額相当分（資本金の追加）と，資本剰余金等（資本準備金＝プレミアム部分）に区分して表示するという会計ルールが存在しているからである。利益剰余金として表示せずに，資本剰余金等として表示するのは，資本と利益の区分の原則によるものである。利益は，会社の経済活動の結果であり，資本は，会社に対する株主からの元手の提供である。利益と資本を明確に区別しないと，利益と資本が混同され，企業の利益が過大または過小になり，期間損益が適正に表示されなくなってしまい，企業の損益の状況について，利害関係者の判断や意思決定を誤らせる恐れが生じるのを防ぐため，資本と利益は区分される。

なお，資産の部の合計3,141百万円は，負債の部の合計1,522百万円と資本（純資産）の部の合計1,619百万円を合計した3,141百万円と，金額が一致することが確認できる。

浦和レッズ賃借対照表（2020年１月現在）　　（単位：百万円）

資産の部	(3,141)	負債の部	(1,522)
流動資産	792	流動負債	1,293
固定資産	2,349	固定負債	229
		資本の部	(1,619)
		資本金	273
		資本剰余金	113
		利益剰余金	1,233
資産合計	3,141	負債・資本合計	3,141

（浦和レッズ社ＨＰデータを筆者が修正加工。以下の説明も同じ）記載金額は百万円未満を四捨五入して表示している。

理解度確認の問題

以下の問題につき，簡単に説明してください。

①　オリエンタルランドが運営しているテーマパークは何か。

②　なぜオリエンタルランドという会社名とされたのか。

③　企業の財務諸表の開示のことを何と呼ぶか。

④　退職給付会計とは何か。

⑤　自己株式とは何か。

⑥　デット・アサンプションとは何か。

⑦　連結損益計算書や連結貸借対照表の連結の意味は何か。

⑧　浦和レッズの株主のうち，会社でないのはどこか。

⑨　浦和レッズの営業収入の３本柱は何か。

⑩　非上場会社の浦和レッズが主な経営情報を公開している理由はなぜか。

解答例

①　東京ディズニーランド，東京ディズニーシーの２つのリゾート

②　東洋（オリエント）一のレジャーランド施設を建設する計画だったから

③　ディスクロージャー

④　従業員が退職後に受け取る一時金・年金等の企業における費用処理の会計処理を定めたルール

⑤　会社自身が保有している自社の株式のこと。自社株式とも呼ばれる。

⑥　債務履行を肩代わりする取引，債務引受の金融取引

⑦　単独の会社だけではなく，一定の基準でグループ会社（企業集団）とされる会社も含まれていることを意味している。

⑧　さいたま市，埼玉県の２つの地方自治団体

⑨　入場料収入，広告料収入，グッズ収入（物販収入）

⑩　Ｊリーグの要請で,健全なクラブ経営を目指すためである。クラブライ

センス制度の導入で，決算書類は公認会計士の監査が必須とされている。

COLUMN

財務分析の活用方法

本書では，テーマパークのオリエンタルランド（ディズニーランド）や，プロサッカーチーム（クラブ）の浦和レッズを題材に，実際の財務諸表を読んでみた。財務分析は，ITの進歩で，昔のように，電卓をたたいて計算する必要はなく，コンピュータが各種比率を自動計算してくれるので，分析者は，計算結果の各種比率から何を読み取るかが，分析をするときの重要な目的となる。

たとえば，売上高のデータと，従業員の人数がわかれば，1人あたり売上高が計算できる。1人あたり売上高を上げようとすると，売上高を増やすか，従業員数の減少のどちらかの経営意思決定を行うことになる。売上は，競合（ライバル）会社もいて，そう簡単に増やせないなら，従業員数を減らすことになる。しかし，従業員を減らすということは，まわりまわれば，自社製品の買い手も減ることになる。ある会社にとって良いからといって，従業員を減らすことを，全部の会社が行えば，世の中は，失業者があふれて，ものの需要が減る。結局世の中全体の購買力も減少する。この例は，極端かもしれないが，数字は重要だが，数字だけでは経営ができないともいえる。一方，これから，就職を考えている学生には，1人あたり売上が，もらえる給料の上限になることを話している。実際は売上から人件費以外の経費を引いた利益が上限となる。ということは，やはり，いい給料が欲しいなら，売上高の多い会社への就職をめざすことになる。財務分析を勉強すれば，このように，いろいろな財務データを活用し，自分の意思決定に役立てることができるようになろう。

第16章 会計・ファイナンス関連の各種資格をとろう

第１章から第15章で紹介した会計・ファイナンスの科目を履修することによって，アウトプットをめざそう。

アウトプットとは，国家試験や民間試験などの各種資格を取得したり，簿記検定をはじめとして，知識レベルの確認を行う能力検定を受験することである。

会計分野でいうと，三大国家資格である公認会計士が何といっても，もっとも難関資格である。他の２つは，医者と弁護士とされる。世の中には，弁護士と会計士のダブル資格を取得している方もいる。

日本でも，アカウンティングスクール（会計専門職大学院）やロースクール（法科大学院）ができ，それぞれ，日中に授業を行う全日制以外に，会社勤めをしながら勉学に励む社会人大学院（平日夜や土日に授業を行う）が誕生し，大学を卒業してからでも，仕事をしながら，大型資格が取得できる世の中になっている。

わが国でも，大学全入時代を迎え，大学院教育の機会提供や充実が叫ばれている。

米国の大学は，教養を中心に講義が行われ，その後，いわゆる修士課程で，専門分野や職業関連資格を取得するような教育体系になっている。米国では，教育は生涯教育であり，大学を卒業したら，教育を受ける機会は終わりではなく，仕事をして，また勉強したくなったら，大学院で勉強すればよいと，教育と実務（仕事）の循環が可能になっている。したがって，大学の先生が，自分の研究成果をいかすために会社を作ったり，あるいは，社会人経験のある人が大学教員になるなど，人事の交流が盛んである。

また，各種資格の門戸も広い。わが国のように，資格試験がむずかしく，いったん合格すれば，仕事が保証され，その後，社会の変化に対応した勉強をしなくても，何とかなるというのとは大違いである。もっとも，わが国においても，各資格ごとに，資格維持のための継続教育（フォローアップ教育）が課されるものが多くなり，それぞれ資格をとれば終わりとは限らなくなった。

米国の公認会計士は，受験そのものが，４年生大学卒業だけでは，原則として無理で，ほかに会計やビジネス関連の単位を取得など，修士課程（大学卒業後の２年間教育，修士号が得られる）までは要求されないものの，聴講生や単位履修生になって，実質５年教育（大学４年と，１年のプラスアルファ）が必要とされている。

また，わが国では，公認会計士の数は約３万人に対して，米国では約65万人いる。つまり，監査だけでなく，会社や公共機関での会計・経理実務も担当している。したがって，米国の公認会計士試験も，競争試験ではなく，一定の水準があれば合格できる（合格率約40%）。

さて，日本では，会計士，弁護士，医者が三大資格であるが，米国でも，医者，弁護士，ファイナンシャルプランナーの３人を親しい友人としてもてという言い伝えがある。

医者は体（病気）に関しての相談相手，弁護士は訴訟社会アメリカでの裁判の相談であり，言うまでもなかろう。しかし，３人目は会計士ではなく，ファイナンシャルプランナーである。ファイナンシャルプランナーは，お金・財産の相談相手である。会計士も可能である。また，この章で紹介するように，ファイナンシャルプランナーという独自の資格もあるし，税理士や中小企業診断士など，各種コンサルタント業務を行っている人にも必須の資格である。

ファイナンシャルプランナーであるから，当然，ファイナンス（金融）の知識が必要であるし，また，会計の知識があったほうが，理解がしやすい。現在の会計は企業会計が中心であるので，会社の財務相談には，企業会計は必須であるし，また，個人の財務相談においても，投資対象の金融商品には，株式や投資信託があり，貸借対照表などが読める，つまり，会計の知識が生きてくる。

したがって，会計とファイナンスの知識を身につけ，それを客観的に立証できる資格取得や能力検定は，有意義と思われる。

公認会計士

会計関連の最難関試験の１つで，金融庁により行われる国家試験である。

公認会計士の資格は，会計監査を行うことのできる唯一の国家試験で，金融庁の公認会計士・監査審査会が毎年実施している。

2006年より，現行の試験制度となり，社会人を含めた多様な人材の受験を可能とした。具体的には，それまでは，公認会計士試験は，３段階に分かれていたのを，大幅に簡素化し一本化した。旧第１次試験は，公認会計士になるための教養・適性を図るもので，大学卒業あるいは，２年次終了であれば，免除されていた。しかし，このため，旧第１次試験に合格しない限り，最短でも20歳以上でないと受験できなかったのが，旧第１次試験の廃止により，学歴・年齢制限なしに誰でも受験することが可能となった（公認会計士の登録には，年齢要件あり）。後述の税理士試験には，いまだ受験資格が課されているのと対照的である。

試験は１段階２回で，短答式試験（４科目）と論文式試験（５科目）を受験する。この両方を合わせて，旧第２次試験に相当する。しかし，旧第３次試験が廃止されたので，税法が新たに試験対象となった。短答式試験に合格した人は，２年間は短答式試験が免除される。また，論文式試験は，科目合格制度が導入され，合格した科目については２年間免除が受けられる。

金融庁の公認会計士・監査審査会が実施する試験に合格した後，２年間の実務経験（業務補助または実務従事）と実務補習機関（一般財団法人会計教育研修機構）または実務補習団体（監査法人）が実施する実務補習（標準課程は３年）を受け，日本公認会計士協会の修了考査に合格することが義務づけられている。その後，内閣総理大臣の確認を受けて公認会計士登録となる。このため，従来の会計士補の制度はなくなり，公認会計士に一本化された。

実務経験のうち，業務補助とは，監査証明業務につき，公認会計士または監査法人を補助することで，非常勤でも可能である。一方，実務従事は，財務に関する監査，分析その他の実務に従事することで，正職員としてかつ本務として直接担当しなければならない。実務補習は，公認会計士になるのに必要な実務に関する知識を，補習するものである。弁護士試験での司法修習に相当するものであるが，司法修習は全日制であるのに対して，実務補習は，昼間の勤務が終ったあとの夜間となる。

試験の概要

短答式試験（原則５月下旬の日曜日と，12月上旬の日曜日，年２回実施）

企業法（１時限，60分，20問以内，100点満点）

管理会計論（２時限，60分，20問以内，100点満点）

監査論（２時限，60分，20問以内，100点満点）

財務会計論（４時限，120分，40問以内，200点満点）

＊　このように，財務会計論（簿記・財務諸表論）の時間配分と得点配分が高い。

なお，会計専門職大学院を修了し，修士（専門職）の学位を授与された者には，財務会計論・管理会計論・監査論の科目免除が受けられる（ほかにも，免除規定はあるが省略）。

論文式試験（原則８月下旬の金土日，年１回実施）

監査論（第１日目前半，120分，大問・２問，100点満点）

租税法（第１日目後半，120分，大問・２問，100点満点）

会計学（第２日目前半，120分）

会計学（第２日目後半，180分）

（第２日目全体で，大問・５問で，300点満点）

企業法（第３日目前半，120分，大問・２問，100点満点）

選択科目（第３日目後半，120分，大問・２問，100点満点）

選択科目は，経営学，経済学，民法，統計学から１つ選択。

＊　会計学は，財務会計論と管理会計論。

公認会計士試験制度は，従来，７科目（会計４科目＝簿記・財務諸表論・原価計

算・監査論と理論3科目＝経済学・経営学・商法）が必須であったが，受験生の門戸を広げるために，商法に限定せずに，商法か民法の選択を可能として，弁護士志望者を取り込んだ。さらに，現行のルールでは，統計学を選択科目にして理系の学生も対象にした。そのかわりに，経済学や経営学などビジネス系の科目の必須もなくなった。したがって，短答式・論文式の両方で，監査論，会計学，企業法，論文式独自では，租税法が受験必須となる。

米国公認会計士（U.S.CPA）

米国公認会計士とは，文字どおりアメリカの公認会計士のことをいう。米国においても，公認会計士は社会的地位も認められた有望な資格の1つにあげられている。経済が国際化し，国境の垣根がなくなるボーダーレス時代では，国際的な基準に沿って会社を運営したり財務諸表の作成を行う必要があるが，米国に住んでいなくても，すなわち非居住者であっても受験可能な米国公認会計士は，グローバル経済を生き抜くうえにおいて，もっとも注目される資格の1つとされている。

受験資格は，原則として，大学卒業（4年制）に加えて，会計やビジネス関連の単位を約20単位ずつ取得していることが必要である。すなわち，修士課程まで修了している必要はないが，大学卒業プラス1年の勉強，つまり5年間の教育要件を求めている。米国では，州ごとに独自のルールがあり，受験州等により違いがあるので，自分の取得単位がわかる書類を持参して，受験専門学校等に相談することになる。実際に，受験を申し込むときは，州ごとに定めている評価機関で，受験可能な単位を取得しているかの事前審査を受けることになる。わが国の大学でも，商・経営・経済・法学部などのビジネス系学部では，認定を受けやすいが，文学部や教育学部，あるいは理系の学部の場合は，別途，会計・ビジネス関連の単位を取得しないと，そのままでは受験できないケースが多い。

なお，いわゆる米国公認会計士試験に合格しただけでは，単なる筆記試験合格者にすぎないが，合格通知（スコアレポート）が郵送され，履歴書等に記載することができる。州ごとに要件は異なるが，別途倫理試験，要件充足（営業免許には実務要件）などで，合格証明書（サーティフィケート），営業免許（ライセンス）が取得できる。しかし，日本の監査法人や会計事務所で就職するのであれば，合格通知あるいは，合格証明書で十分である。

試験の概要

試験科目は，監査および証明業務（ＡＵＤ），財務会計（ＦＡＲ），法規（ＲＥＧ），ビジネス環境および諸概念（ＢＥＣ）である。

このうち，財務会計は私企業（一般の会社）の財務会計以外に，公（政府，官庁，地方自治体）の会計も対象となる。

法規は，商法（＝日本の会社法，商法に相当），連邦税法のほか，職業倫理も含まれる。

ビジネス環境および諸概念は，ＩＴ（情報技術），経済学，財務管理，リスク管理，資本予算，原価計算，経営計画，経営分析等が含まれる。

このように，日本の公認会計士試験とくらべると，範囲は広いが，問題が客観式（４者択一式）がほとんどで，広く浅いため，勉強すれば受かりやすいといえる。もちろん，英語の試験だが，口述・面接試験はないので，読めて・書ければよい。前述のように，客観式試験なので，文章の論述などもほとんど求められない。科目ごとの合格率は約40％で，英語にハンディのある日本人も同様に約40％とされ，むしろ平均合格率を若干上回っているようである。

会計知識としては，日商簿記の１級と２級の中間のレベル，英語の知識としては，英検２級またはＴＯＥＩＣ600点レベルであれば，十分合格できる。また，会計スキルと英語スキルの両方の能力検定の代替にもできる。

試験日程等は，１月～３月，４月～６月，７月～９月，10月～12月の４期に分けて，それぞれ最初の２カ月間を試験期間とする。その間で，受験生は自由に日程を決めることができる。全科目を一度に受験することもできるし，１科目だけの受験もできる。科目合格の場合，有効期限は18カ月以内となる。

かつては，大学，公民館，シティホールなどの大会場で，机に向かって筆記試験が実施されていた。また，日本からの受験生は米国に出向いて受験する必要があった。ただし，州によっては，受験申込州と受験場所の州が異なる州外試験を認めるところもあったので，日本からの時差が少なく，受験地までの飛行時間も少ないグアム州での受験を行うのが日本人受験生にとっては人気が高かった。しかし，2004年からコンピュータベースの試験方法が実施され，指定の会場でブースに仕切られたパソコンでの試験となっている。さらに，2011年8月以降，日本国内にも受験会場（東京と大阪）が設けられ，日本での受験が可能となった

国際会計検定（ＢＡＴＩＣ）

ＢＡＴＩＣ（バティック，Bookkeeping and Accounting Test for International Communication）は，国際コミュニケーションのための簿記会計テストで，東京商工会議所が主催している。試験は毎年２回（７月下旬と12月中旬）行われている。

第１回試験は，東京商工会議所のほか，全国32の商工会議所で行われた。

現在，日本の会計基準は国際的基準への調和化が進められているが，両者の差異を完全になくすことはむずかしい。国内で作成した決算報告書などをそのまま翻訳（英文翻訳）しても，外国人には理解できない。つまり，単に翻訳するだけでなく，それを外国人にも理解できるものにするためには，両者の間に存在する会計ルールの違いを組み替えるリキャスティングという能力が要求され，その能力検定が国際会計検定である。

したがって，英文簿記と，国際会計理論に精通していることが必要となる。国際会計理論に精通すれば，日米の会計基準の違いを理解し，国際会計基準への組替も可能となる。なお，ＢＡＴＩＣでいう国際会計理論とは，当初国際財務報告基準（ＩＦＲＳ）と米国基準（Ｕ.Ｓ.ＧＡＡＰ）とされていた。2014年度までの試験では，当面米国基準のみが出題されていたが，2015年度からは試験内容が国際財務報告基準に変更されて出題されている。

レベル的には，英語と会計の両方に精通することから，米国公認会計士試験

を受験する準備段階としての位置づけもできるが，米国公認会計士試験の場合は，あくまで，米国の会計基準の理解が基本であるし，しかも，会計以外の法律，監査，ビジネス環境など，幅広いビジネス関連の知識を有している必要がある。

試験の概要

試験時間

Subject 1　10：00～（制限時間1時間30分）38問

Subject 2　13：00～（制限時間2時間30分）64問

受験料は，10,340円（税込）だが，ただしSubject 1のみ5,500円（税込），Subject 2のみ8,140円（税込）となる。

受験資格は，学歴・年齢・性別・国籍に制限はない。Subject 1と2を同時に，Subject 1のみ受験，Subject 2のみ受験と，自由に受験することができる。ただし，Subject 2のみを受験する場合，過去にSubject 1で320点以上（アカウンタントレベル）を取得していることが必要である。

試験方法として，問題はマークシート方式による選択問題および記述問題が英語で出題される。試験結果の合否制ではなく，1000点満点のスコア制で受験者全員に点数の認定を行う。

Subject 1（英文簿記）は，英文会計の基礎を理解し，英語で帳簿を作成・説明できることが要求されるが，400点満点で，200点以上はブックキーパー，320点以上は，アカウンタントとされる。アカウンタントはブックキーパーに指示ができるレベルとされる。

Subject 2（国際会計理論）は，国際会計理論を理解し，国際財務報告基準による決算書の作成・分析ができることが要求される。Subject 2自体の配点は600点であるが，Subject 1の得点と合計で，アカウンティングマネージャーと，コントローラーに区分される。

アカウンティングマネージャーは700点以上，コントローラーは880点以上であるが，Subject 1は320点以上であれば，400点満点として計算される。

アカウンティングマネージャーは，日常業務に加えて，簡単な決算書ができればよいが，コントローラーは，決算書の作成・分析・組替の能力が要求される。

試験のリニューアル

2020年12月13日に実施の第40回試験を最後に，2021年度からリニューアルされることが，東商より，2020年３月12日に公表された。詳細は2020年秋頃に公表予定であるが，概要は以下のとおり。

ＷＥＢ試験（ＩＤ付与によるオンライン試験）で実施。

統一試験の廃止。どこからでも受験可能。365日いつでも受験可能。

Subject１レベル単一級。英文簿記38問，90分。

受験料5,000円程度を想定。

簿 記 検 定

簿記検定には，公益社団法人全国経理教育協会が主催する簿記能力検定（いわゆる全経簿記）や，公益財団法人全国商業高等学校協会が主催する簿記実務検定（いわゆる全商簿記）などがあるが，ここでは，日本商工会議所が主催する日商簿記検定を紹介する。

簿記は，企業規模の大小や業種，業態を問わずに，日々の経営活動を記録・計算・整理して，経営成績と財政状態を明らかにする技能である。

簿記を理解することによって，企業の経理事務に必要な会計知識だけではなく，財務諸表を読む力，基礎的な経営管理や分析力が身につく。また，ビジネスの基本であるコスト感覚も身につくので，コストを意識した仕事ができるとともに，取引先の経営状況を把握できるために，経理担当者だけではなく，すべての社会人に役立つとされる。さらに，公認会計士や税理士等の国家資格を目指す方や他の資格・検定と組み合わせてキャリアアップを考えている方々にも必須の資格といえる。

現在，多くの企業が社員に対して簿記検定の資格取得を奨励しているほか，大学や短大の推薦入試，単位認定の基準に採用されていることなどから，年間で約60万人が受験する「日商簿記」として社会的に高い信頼と評価を得ている。合格すれば大学の推薦入学にも有利とされる。

試験終了後には毎回，その問題を出題した意図や共通して誤りの多かった事例などが，ホームページを通じて公表されていて，学習のための参考資料として活用することができる。

具体的には，以下の4つのレベルに分けられる。各級とも，試験範囲の会計基準および法令は毎年度4月1日現在施行されているものに準拠される。

1級は，税理士，公認会計士などの国家試験の登竜門である。大学程度の商業簿記，工業簿記，原価計算並びに会計学を修得し，財務諸表等規則や企業会計に関する法規を理解し，経営管理や経営分析ができる。

2級は，高校程度の商業簿記および工業簿記（初歩的な原価計算を含む）を修得している。財務諸表を読む力がつき，企業の経営状況を把握できる。相手の経営状況もわかるので，株式会社の経営管理に役立つ。

3級は，財務担当者に必須の基本知識が身につき，商店，中小企業の経理事務に役立つ。経理関連書類の読み取りができ，取引先企業の経営状況を数字から理解できるようになる。営業，管理部門に必要な知識として評価する企業が増えている。

初級は，簿記入門編。簿記の基本用語や複式簿記の仕組みを理解し，業務に利活用することができる。

日商簿記1級

試験科目は，商業簿記，会計学，工業簿記，原価計算の4科目である。

各25点の配点で，全100点満点である。70%以上，つまり70点以上で合格である。ただし，1科目ごとの得点は40%以上，つまり10点以上なければならない。1科目でも10点未満のものがあれば，不合格となる足きりがある。

また，科目別合格制度はない。

試験時間は，全3時間で，商業簿記と会計学で90分，工業簿記と原価計算で90分である。90分の範囲内で，商業簿記と会計学の時間配分は自由である。工業簿記と原価計算においても同様である。しかし，一般的に，理論科目と呼ばれる会計学，原価計算の答案にまず着手し，時間のかかる計算問題である商業簿記や工業簿記はあとまわしにして，最悪，部分点狙いとするのが，受験テクニックとしては望ましい。

１級は，２級とのレベル差も大きいが，税理士試験の受験資格が与えられるほか，職業能力開発促進法の指導員資格試験で，事務科の試験科目の一部が免除される特典も有している。したがって，本人確認の強化の観点から，従来は１級のみ，受験に際して写真１枚が必要とされてたが，2014年度から不要となった。

また，試験日は，１級のみ年２回で，６月と11月（特定の日曜日実施）で，受験料は7,850円（税込）である。

日商簿記２級

試験科目は，商業簿記，工業簿記である。３級では工業簿記はなく，２級から工業簿記も対象となる。商業簿記，工業簿記あわせて２時間の試験時間で，100点満点の70％以上，すなわち70点以上が合格とされる。

実際は，商業簿記の大問が３問（各20点満点×３＝60点），工業簿記の大問が２問（各20点満点×２＝40点）が出題されるので，商業簿記が60点満点であっても，工業簿記が40点満点で４分の１の最低10点とれないと合格できない。

反対に，工業簿記が40点満点であっても，商業簿記が60点満点で半分の最低30点とれないと合格できない。

また，試験日は，年３回で，２月，６月，11月（特定の日曜日実施）で，受験料は4,720円（税込）である。

日商簿記３級

試験科目は，商業簿記のみである。2019年から，対象が従来の個人商店から，株式会社を対象とするものに変更された。試験時間は，２時間で，100点満点の70％以上，すなわち70点以上が合格とされる。後述の初級もあるが，簿記検定のもっとも基本・スタンダードな試験とされる。３級では，大問が５問出題されるが，第１問の仕訳５題（１題４点×５問＝20点）以外は，配点は固定されていない。ただし，過去の傾向からは，第３問が試算表や財務諸表の作成（28から32点の配点），第５問が決算整理事項を織り込んだ精算表作成（28から32点）となっている。また，第２問が商品有高，総勘定元帳などの補助簿・帳簿記入の問題（８から12点），第４問が，伝票会計，仕訳正誤判定などの問題（８から12点）となっている。

すなわち，第１問が20点満点，第３問と第５問で60点満点，第２問と第４問で20点満点となる。

したがって，第３問と第５問のいずれかが全くできないと，残りを全部解答できても，全体として，68点から72点となり，合格ラインの70点到達はきわめてむずかしくなる。反対に，第３問と第５問で満点がとれれば，第１問の仕訳で３問（60％）正解であれば，72点で合格できる。受験生の傾向をみると，第２問，第４問が苦手なものが多いが，実際に経理の実務を行ううえにおいては，コンピュータの発達で，帳簿記入が手書きで行われることが減ったとはいえ，帳簿や伝票の体系を理解しておくことは，会計の専門家としては必要なことと思われる。

また，試験日は，年３回で，２月，６月，11月（特定の日曜日実施）で，受験料は2,850円（税込）である。

日商簿記初級

日商簿記４級廃止に伴い，2017年４月に新設された。

簿記初学者向けの入門級として，簿記の基本原理および企業の日常業務における実践的な簿記の習得に資する内容で，学習の進捗にあわせてネット試験方式にて行われている。試験時間は，40分で，100点満点の70点以上が合格とされている。試験日は，商工会議所ネット試験施行機関が日程を決定し，受験料は2,200円（税込）である。

原価計算初級

工業簿記の入門的な位置づけとして，2018年４月に新設された。

原価計算初学者向けの入門級で，原価計算の基本用語や原価と利益の関係を分析・理解し，業務に利活用できる能力をみる。試験方式，試験時間，合格基準，受験料等はすべて，日商簿記初級と同様で行われる。

参考：日商簿記４級（2017年２月を最後に廃止）

試験科目は，商業簿記のみである。試験時間は，１時間30分で，100点満点の70％以上，すなわち70点以上が合格とされる。あまり，知られていなかったが，3級より範囲も狭く，まずは簿記をひととおり勉強するための目標設定としては最適の試験であった。

毎回の試験での全国の受験者も1,000から3,000名と少く，希望する受験地で試験が実施されるのか問い合わせが必要であった。

過去の実績からの合格率は，１級10％，２級30％，３級40％，４級40％とされているが，問題の難易度により上下する。合格者数に制限のある競争試験ではないが，３級でも約20％という場合もある。米国の試験では，得点調整や，偏差値による調整が行われるものが多いが，わが国では，素点（実際の得点）で判定するのが主流である。

ビジネス会計検定

2007年２月に，大阪商工会議所は，ビジネス会計検定試験（財務諸表理解力検定）を開発し，１級から３級の３段階設定されるうちの，第１回試験として，2007年７月29日に大阪商工会議所と東京商工会議所で３級のみ実施された。

この検定試験は，貸借対照表や損益計算書などの財務諸表を理解できる能力を判定することを目的としている。従来の簿記試験，ＢＡＴＩＣに続く，３つめの会計関連能力試験である。（日商）簿記検定試験が財務諸表の作成能力を検定するのに対して，ビジネス会計検定試験は，財務諸表を読み解く能力を検定するものといえる。なお，試験のレベルは，ビジネス会計検定試験の方が，日商簿記の対応する各級のレベルよりも１ランク上と思われる。具体的には，ビジネス会計３級は日商簿記２級と３級の間で，いわば「日商簿記検定準２級レベル」といえる。同様に，ビジネス会計２級は，日商簿記１級と２級の間で，いわば「日商簿記準１級レベル」といえる。ただし，日商簿記１級とビジネス会計１級は，試験の目的が異なるので，試験の難易度の評価はつけにくい。

企業の経営活動が複雑化・多様化するなかで，自社や取引先あるいは投資先などの経営実態を正しく把握するための手段として，代表的な企業情報である会計情報を理解できる能力である会計リテラシーがますます重要になっていることが，本検定試験開発の経緯とされている。

会計リテラシーは，企業において，経理・財務部門に限られず，営業や企画，総務などのさまざまな部署で，また，新入社員から経営幹部まで幅広く求められる能力であり，単に財務諸表を作成するだけでなく，作成された財務諸表をどのように情報として理解し，ビジネスに役立てるかという財務諸表の利用者の立場としての必要不可欠な能力といえる。

ビジネス会計検定試験は，財務諸表に関する会計基準，諸法令，構造などの知識や分析を通して，財務諸表が表現する企業の財政状態（貸借対照表で表される），経営成績（損益計算書で表される），キャッシュフローの状況（キャッシュフロー計算書で表される）などを判断できる能力を問うものとされる。

対象は，実際に働いているビジネスパーソンに加えて，これから社会に出ようとする学生達も含まれていて，本検定試験を通じて会計リテラシーを有する人材の裾野拡大を目的としている。

最近，企業の不正会計事例があとを絶たないが，会計に関する知識の理解不十分や認識不足によるものが多いと推察され，正しい会計知識やスキルをもった人々の増加は，社会にとっても有益で，不正会計事例の根絶にも役立つことと思われる。

ビジネス会計検定試験３級の概要

到達目標：会計の用語，財務諸表の構造・読み方・分析等，財務諸表を理解するための基礎的な力を身につける

主な対象：一般社員，大学生，専門学校生，高校生，一般市民

出題範囲：１．財務諸表の構造や読み方に関する基礎知識（財務諸表とは，貸借対照表・損益計算書・キャッシュフロー計算書の構造と読み方）。個別財務諸表のみ対象

２．財務諸表の基本的な分析（基本分析，成長率および伸び率の分析，安全性の分析，キャッシュフロー情報の利用，収益性の分析，１株当たり分析，１人当たり分析）

ビジネス会計検定試験２級の概要

2008年２月３日（日）の第３回ビジネス会計検定試験で初めて実施された。

到達目標：企業の経営戦略や事業戦略を理解するため，財務諸表を分析する力を身につける

主な対象：一般管理職，経営者・経営幹部，経理実務担当者，大学生

出題範囲：１．財務諸表の構造や読み方，財務諸表を取り巻く諸法令に関する知識（会計の意義と制度，連結財務諸表の構造と読み方）。連結財務諸表も対象

２．財務諸表の応用的な分析（基本分析，安全性の分析，収益性の分析，キャッシュフローの分析，セグメント情報の分析，連単倍率と規模倍率，損益分岐点分析，１株当たり分析，１人当たり分析）

ビジネス会計検定試験１級の概要

2011年３月６日（日）の第８回ビジネス会計試験で初めて実施された。

到達目標：企業の成長性や課題，経営方針・戦略などを理解・判断するため，財務諸表を含む会計情報を総合的かつ詳細に分析し企業評価できる力を身につける

主な対象：経理財務担当マネジャー，財務担当役員，経理財務のエキスパート

出題範囲：１．会計情報に関する総合的な知識（ディスクロージャー，財務諸表と計算書類，財務諸表項目の要点，財務諸表の作成原理）
２．財務諸表を含む会計情報のより高度な分析（財務諸表分析，企業価値分析）

ビジネス会計検定試験各級の試験共通要項

試験問題：受験年度の４月１日現在で施行されている関連法令等に準拠

施行形式：年２回（３月と９月の特定の日曜日）の公開試験。統一日に指定会場で実施。ただし，１級は年１回の３月のみ実施

受験資格：学歴・年齢・性別・国籍の制限なし

問題形式：マークシート方式。ただし，１級は別途論述式あり

試験時間：２時間。１級は２時間30分

合格基準：100点満点で，70点以上が合格。ただし，１級は200点満点で，論述式50点以上かつ全体で140点以上が合格

受験料（消費税込み）：３級4,400円，２級6,600円，１級11,000円

試 験 地：大阪，東京ほか計全国17箇所

公式ＨＰ：http://www.b-accounting.jp/

準１級認定制度

2015年度実施の第18回試験から，１級受験者の幅広い活躍を支援するため，不合格者の得点上位者（120点以上の得点者）を１級合格者に準じ，準１級として認定され，認定書も発行されている。

税　理　士

税理士は，税務に関する専門家として，独立した公正な立場において，申告納税制度の理念にそって，納税義務者の信頼に応え，租税に関する法令に規定された納税義務の適正な実現を図ることを使命とされる。税理士制度は，このような公共的使命を負っている税理士が納税義務者の援助をすることによって，納税義務を適正に実現し，これによって，申告納税制度の適正かつ円滑な運営に資することを目的として設けられたものである。

1951年に税理士法が施行されて以来，税理士制度は時代の推移とともに変化する社会の要請に応えて，申告納税制度の定着と発展に寄与するとともに，納税義務の適正な実現，納税者に対する税知識の普及，国家財政の確保に大きな役割を果たしている。

現行の制度は，2001年5月に，21年ぶりに改正され，2002年4月1日から施行された税理士法に基づいている。

税理士となる資格を有する者は，税理士試験合格者のほか，税理士法に定める一定の要件に該当する者として税理士試験を免除された者，弁護士（弁護士となる資格を有する者を含む）および公認会計士（公認会計士となる資格を有する者を含む）である。

弁護士が税理士として仕事を行うことはまれだが，公認会計士が監査法人を退職して独立し，個人事務所を開設するときは，この税理士法に基づいて，税理士業務を行うことが多い。

なお，これらの者が，税理士となるには，日本税理士会連合会に備える税理士名簿に登録しなければならない。また，税理士は，税理士法人を設立することができ，税理士法人を設立した場合には，日本税理士会連合会に届け出なければならないとされている。

税理士法人は，公認会計士の監査法人同様に，税理士業務を組織的に行う場合に設立される。大企業の法人税の指導を行う場合など，個人では対応しきれないからである。

なお，税理士または税理士法人でない者は，税理士業務を行うことはできないこととなっていて，これに違反すると罰則が適用される。ただし，国税局長に対して通知を行った弁護士および弁護士法人については，一定の条件のもとで税理士業務を行うことができる。以前は，弁護士同様，公認会計士にも，この通知税理士制度があったが，法改正で，弁護士（弁護士法人）のみとなった。

税理士になるためには，要件を満たしたうえで，日本税理士会連合会に備える税理士名簿に登録しなければならない。弁護士や公認会計士以外は，実務経験として，会計に関する事務（貸借対照表勘定および損益勘定を設けて計理する事務）などに従事した期間が通算して２年以上が必要である。なお，税理士名簿の登録は，日本税理士会連合会が行っているが，登録の申請書類は，税理士事務所を設けようとする地区の税理士会に提出することになっている。

試験の概要

税理士試験は，税理士となるのに必要な学識およびその応用能力を有するかどうかを判定することを目的として行われる。

試験科目は，会計学に属する科目（簿記論および財務諸表論）の２科目と税法に属する科目（所得税法，法人税法，相続税法，消費税法または酒税法，国税徴収法，住民税または事業税，固定資産税）のうち受験者の選択する３科目（所得税法または法人税法のいずれか１科目は必ず選択しなければならない）について行われる。すなわち，会計２科目と，税法３科目の５科目に合格しなければならない。

ただし，税理士試験は公認会計士試験と異なり，完全な科目合格制をとっており，受験者は一度に５科目を受験する必要はなく，１科目ずつ受験してもよい。このため，公認会計士試験は，従来は全科目一発合格（現在は，論文式試験で２年間のみ有効の科目別合格あり）で勉強時間も多く必要なため，体力・時間的制約から，大学生あるいは，大学卒業直後の就職浪人向き，税理士試験は科目別合格が一生涯有効なため，大学を卒業したあと会社勤務をしながらの社会人向けと評されていた。

合格基準点は各科目とも100点満点の60％，つまり60点以上とされる。しかし，実際の合格率は約10％で，競争試験に近いとされる。そして，合格科目が会計学に属する科目2科目および税法に属する科目3科目の合計5科目に達したときに，合格者となる。

受験資格は，改正された公認会計士資格のように誰でも受験可能ではないが，学識，資格，職歴といったさまざまな分野の受験資格を定められており，いずれか1つの要件を満たせば，受験資格を有することになる。

学識による受験資格は，大学または短大の卒業生，大学3年次以上で62単位取得，一定の専修学校の専門課程修了者で，いずれも法律学または経済学を1科目以上履修とされている。通常，経済学部，経営学部，商学部，法学部の3年生以上になれば該当しよう。なお，法律学とは，法学，法律概論，憲法，民法，刑法，商法，行政法，労働法，国際法等が該当し，経済学とは，マクロ経済学，ミクロ経済学，経営学，経済原論，経済政策，経済学史，財政学，国際経済論，金融論，貿易論，会計学，商品学，農業経済，工業経済等が該当する。また，専門科目である必要はなく，一般教養科目でも該当するとされる。

資格による受験資格は，日商簿記検定1級合格者か，全経簿記検定上級合格者である。ただし，全経では，1953年度以降の合格者に限られる。

職歴による受験資格は，法人または事業を行う個人の会計に関する事務（複式簿記による仕訳，決算，財務諸表作成事務等）に2年以上従事，銀行・信託会社・保険会社等において，資金の貸付け・運用に関する事務に2年以上従事，税理士・弁護士・公認会計士等の業務の補助事務に2年以上従事が，該当する。

なお，2年以上のしばりは，異なる事務を通算することができる。

試験は，例年7月下旬から8月上旬の平日の3日間である。

第1日：1時間目簿記論，2時間目財務諸表論，3時間目消費税法または酒税法

第2日：1時間目法人税法，2時間目相続税法，3時間目所得税法

第3日：1時間目固定資産税，2時間目国税徴収法，3時間目住民税または事業税。なお，1科目につき，各2時間である。

第1日は，必須の会計関連2科目と，消費税法または酒税法である。消費税

法は，法人税法との科目の関連性，また，合格後，実際に税理士業務を行うに際して，消費税法の知識は，実務として必須のため，消費税を選択するものが多い。ただし，１日で３科目受験するのはなかなか大変なので，簿記論，財務諸表論，消費税法を，各１科目ずつ，こつこつ３年か，あるいは２科目と１科目の組合せで２年で合格をめざすのが効率もよかろう。

第２日は，法人税法，所得税法，相続税法のいわゆる国税３法である。資格取得後の開業を考えると，すべて知っておくことが好ましいが，試験範囲のボリュームも多く，容易ではない。法人税法か所得税法のいずれか１つは，合格しなければならないので，自分の得意な方，開業後，会社（企業）相手か個人相手かの計画を勘案して，受験科目を決めることになる。

しかし，実は，大学院の修士課程を修了し，修士号を取得した場合には，科目免除となる裏技があるのに留意しよう。かつては，会計学専攻なら，会計２科目，税法あるいは財政学専攻なら，税法３科目が免除，すなわち，２つの大学院（４年かかるが）を修了すれば，税理士になれる制度が設けられていた。さすがに，全く試験を受験しないで，税理士になれるのは問題であるとの認識から，現在では，会計は１科目免除の１科目受験，税法は２科目免除の１科目受験の制度に改められた。すなわち，２つの大学院を修了しても，２科目（会計１科目と税法１科目）は受験しなければならない。しかし，この１科目は，税法なら何でもよい。法人税法か所得税法のいずれかを受けなければならないとは定められていない。ただし，税理士資格の取得は容易となるが，その後の実務において知識不足で苦労することになろう。

第３日は，固定資産税，国税徴収法，住民税または事業税であり，あまりなじみのない科目であり，どちらかというと，受験生は少ない。住民税のうち，個人住民税は所得税と，事業税のうち，法人事業税は法人税，個人事業税は所得税と関連する観点から選択されることもある。

国税専門官

国税庁は，納税者の自発的な納税義務の履行を適正かつ円滑に実現することを使命とし，国税の賦課・徴収を行う官庁として，国の財政基盤を支える重要な仕事をしている。そのなかで国税専門官は，国税局や税務署において，税のスペシャリストとして法律・経済・会計等の専門知識を駆使し，国税調査官，国税徴収官，国税査察官といった職種に分かれて活躍している。すなわち，国家公務員のうち，税務のスペシャリストといえる。

国税専門官として，一定の期間勤務すれば，特別試験により，税理士の資格を取得することができる。すなわち，大学院修士課程とは別に，実際に税務の経験を積みながら，退職後は，税理士事務所自営の道が開けることになる。

ただし，あくまで公務員試験なので，受験資格に年齢制限がある。ちなみに，2020年度募集では，1990年４月２日～1999年４月１日生まれの者か，1999年４月２日以降生まれの者で，大学を卒業した者および2021年３月までに大学を卒業する見込みの者となっている。

試験の概要（2020年度の例）

第１次試験（2020年６月７日（日））

基礎能力試験（多肢選択式）

　公務員として必要な基礎的な能力（知識および知能）についての筆記試験

　出題数は40題　解答時間140分

　＜知能分野＞　27題（文章理解11，判断推理８，数的推理５，資料解釈３）

　＜知識分野＞　13題（自然，人文，社会13（時事を含む））

専門試験（多肢選択式）

　出題数は70題　解答時間140分

　＜必須＞　２科目（16題）。民法・商法，会計学（簿記を含む）

　＜選択＞　次の９科目54題（各６題）から４科目24題選択。憲法・行政法，経済学，財政学，経営学，政治学・社会学・社会事情，英語，商業英語，情報数学，情報工学

専門試験（記述式）　解答時間80分

　次の５科目（各１題）のうち１科目選択

　憲法，民法，経済学，会計学，社会学

　なお，専門試験（多肢選択式）および（記述式）は，いずれも，国税専門官として必要な専門的知識などについての筆記試験である。

第２次試験（2020年７月８日（水）～７月17日（金）のうち指定する日）

人物試験：人柄・対人的能力などについての個別面接

身体検査：主として胸部疾患（胸部エックス線撮影を含む），尿，その他一般内科系検査

　最終合格者は採用候補者名簿に記載され，この名簿から，各年の採用環境を考慮して，東京，名古屋，大阪をはじめ，全国の国税局および沖縄国税事務所に採用され，各管内の税務署で勤務することになる。したがって，試験に合格すれば，必ず採用される訳ではない。最近の採用状況は以下のとおり。

年度	2014	2015	2016	2017	2018
試験申込者数	16,510人	13,197人	16,501人	16,168人	15,884人
採用状況　女性	295人	416人	262人	339人	328人
男性	734人	738人	781人	770人	830人
合計	1,029人	1,154人	1,043人	1,109人	1,158人

　また，国税調査官，国税徴収官，国税査察官は以下のように区別される。

　国税調査官は，所得税，法人税，相続税などの直接税および消費税，酒税などの間接税について，納税義務者である個人や会社等を訪問し，適正な申告が行われているかどうかの調査・検査を行う。

　国税徴収官は，定められた納期限までに納付されない税金の督促や滞納処分を行うとともに，納税に関する指導などを行う。

　国税査察官は，裁判官から許可状を得て，大口・悪質な脱税者に対して捜

索・差押等の強制調査を行い，刑事罰を求めるため告発を行う。

証券外務員

金融商品取引業者（旧証券会社）等で，金融商品取引業務を行う者は，外務員と呼ばれているが，外務員になるには，金融商品取引業者等に入った後，その氏名等を行政（金融庁）に登録することが，金融商品取引法により義務づけられている。この登録手続きが終了しなければ，外務員として活動できない。

日本証券業協会の協会員の外務員として登録を受けるためには，外務員資格を保有していることが前提となり，試験を受験し合格しなければならない。

試験の種類には，大きく分けて，二種と一種に区分されるが，一種のほうが，取り扱うことのできる金融商品の範囲が広い。

外務員資格試験の受験資格は，従来，協会の協会員（金融商品取引業者等）の役職員等に限定されていたが，二種外務員資格試験については，2004年９月から，一種外務員資格試験についても2012年１月から協会員の役職員以外（一般）にも開放された。すなわち，従来は，証券会社に就職してから，社内教育を受けた後，二種外務員資格試験を受験していたが，一般開放により，入社前の段階で，資格を取得し，証券会社への就職において有利となる資格となった。この資格は，実際取得していないと，証券会社で営業ができないため，実践的な資格といえる。また，リストラで，証券会社の窓口店舗が削減されるなか，電話による勧誘・手続きを行うコールセンターで働ける人材の募集も増加しているが，二種証券外務員資格を有していると，時給も高くなることから，主婦層にも人気のある資格となっている。

試験の概要

二種外務員資格試験に合格すると，二種外務員資格が付与される。協会の会員である金融商品取引業者で外務員として登録を受けるために必要不可欠な資格であるが，協会の特別会員である登録金融機関（銀行，生保など）でも外務員登録を受けることができる資格となっている。先物取引・オプション取引などいわゆるデリバティブ（金融派生商品）取引に関する業務ができないほか，信用取引についても制限がある等，取り扱うことができる取引や商品には制限がある。一種外務員資格では，これらの制限はない。従来は，いきなり一種外務員資格試験を受験することはできなかったが，現在は可能である。

出題内容（デリバティブ取引は一種のみ）

法令・諸規則（金融商品取引法および関係法令，金融商品の勧誘・販売に関係する法律，協会定款・諸規則，取引所定款・諸規則）

商品業務（株式業務，債券業務，投資信託および投資法人に関する業務，付随業務）

関連科目（証券市場の基礎知識，株式会社法概論，経済・金融・財政の常識，財務諸表と企業分析，証券税制，セールス業務）

デリバティブ取引（先物取引，オプション取引，特定店頭デリバティブ取引等）

実際の試験は，参考図書である外務員必携（全４巻）からの基礎的知識と，コンプライアンスに関する基本的かつ重要な事項が出題される。なお，信用取引，先物取引およびオプション取引については，二種外務員の行うことができる業務の対象外であるが，その基礎的知識については，株式業務，債券業務等各関連の科目に含めて出題される。

問題等の形式は，五肢選択方式（５つのうち正解を１つあるいは２つ選ぶもの）および○×方式で，試験会場に備えられたＰＣ（パソコン）により行われ，ＰＣの操作にはマウスを使用する。試験勉強は筆記（手）で行われるが，試験はＰＣのため，ＰＣの利用になれておく必要があるが，ＰＣ操作は簡単なもので，そんなに心配する必要はない。最近の参考書には，ＣＤＲＯＭ教材もあり，事前にＰＣ操作になれておくことも可能である。

二種の問題は，○×方式50問，五肢選択方式20問の計70問である。配点は，○×方式は１問２点，五肢選択方式は１問10点（五肢択二は各５点）で，計300点満点となる。合格者は，７割（210点）以上の得点者である。

一種の問題は，〇×方式70問，五肢選択方式30問の計100問である。配点は二種と同様で，計440点満点となる。合格者は，７割（308点）以上の得点者となる。

受験方法は，一般の場合と，協会員の役職員等が受験する場合とで異なる。協会員の役職員の方が受験する際は，所属する会社の人事部等を通じて行うことになる。

受験資格は，特に制限はなく，受験を希望する者は，年齢などにかかわらず，誰でも受験することができる。なお，受験料は9,880円（税込）。

試験時間は，一種が160分，二種が120分で，試験会場として，全国の主要都市で試験を受けることが可能である。実際は，協会が，プロメトリック株式会社に試験を委託している。原則として，月曜日から金曜日の毎日（土日祝日，年末年始を除く）に試験が実施される。

試験の申込可能期間として，申込日の翌日を１日目として５日目（土日祝日，年末年始を除く）の日から１カ月間に行われる試験の受験を申し込むことができる。残念ながら，受験し不合格になった場合，受験待機期間として，不合格となった試験の受験日の翌日を１日目として，以後30日間はすべての試験を受験することができない。

外務員必携

外務員必携は，協会員（金融商品取引業者等）の役職員が外務員資格試験を受験する際の参考教材として，協会が制作・発行している。金融商品取引業務に従事する者に必要な法令・諸規則や商品業務について解説されている。外務員必携の入手は，協会からのみが可能で，一般の書店では市販されていない。

必携の内容（2020年版の場合）

第１巻：Ｂ５判520頁

証券市場の基礎知識，金融商品取引法，金融商品の勧誘・販売に関係する法

律，協会定款・諸規則，取引所定款・諸規則

第２巻：Ｂ５判424頁

株式業務，債券業務，投資信託及び投資法人に関する業務，付随業務，セールス業務

第３巻：Ｂ５判472頁

株式会社法概論，経済・金融・財政の常識，財務諸表と企業分析

証券税制，練習問題（二種試験）

第４巻：Ｂ５判228頁

デリバティブ取引（先物取引，オプション取引，デリバティブ取引等），練習問題（一種試験）

購入手続き

専用の申込み書で，郵送あるいはＦＡＸで申し込む。

（郵送の場合）

〒103－0027　東京都中央区日本橋２－11－２

日本証券業協会　資格管理部宛

（ＦＡＸの場合）　03－6665－6821

（資格管理部　ＴＥＬ　03－6665－6780）

料金および支払方法

テキスト代金：１巻～３巻（１セット）1,145円（税込），４巻215円（税込）

ただし，支払は配送時の現金による代金引換のみとされ，１～４巻１セットの場合，テキスト代金1,360円（税込）とは別に，配送料・梱包料1,265円（税込），代金引換手数料330円（税込）がかかるので，合計2,955円（税込）となる。なお，２セット以上の場合は，配送料・梱包料・代金引換手数料は，重量・金額に応じて異なる。

このように，試験範囲に，会計関連である財務諸表と企業分析が含まれてい

るほか，証券業務を中心とするファイナンス関連の勉強も必要であり，会計とファイナンスの両方の勉強成果がいかせる資格といえる。また，銀行においても，証券関連商品が取り扱われるので，業務上，必要な資格とされている。

証券アナリスト（CMA）

証券アナリストとは，米国でsccurity analystと呼ばれ，証券会社の調査部で，株式投資を勧めるために，上場会社の収益力や財務内容を調査・分析し，投資レポートを作成する仕事を行う。つまり，有望銘柄の発掘・選択を行う専門家が，イメージされよう。

しかし，有価証券投資の主体が，個人ではなく，委託された巨額の資産の専門的運用・管理を職業として行ういわゆる機関投資家の時代となると，単なる個別銘柄の売りか買いかという意思決定ではとどまらず，ポートフォリオ（組み入れ資産）全体のリスクを体系的にコントロールしつつ，いかに期待された運用成果をあげるかが，職務目標となる。

すなわち，ファンドの性格（資金性格）に応じた合理的な運用目標の設定，最適な資産配分と運用スタイルの決定，個別銘柄の最適な組入れ比率の決定，運用成果の評価と分析，機動的なポートフォリオの入れ替えなどを行うこととなり，証券アナリストの仕事も，投資の意思決定プロセス全体のマネジメントに関与することとなった。したがって，米国でも，financial analystと呼ばれるようになった。しかしながら，日本語では，従来の証券アナリストが広義で用いられている。

実際には，広義の証券アナリストには，リサーチアナリスト（伝統的な証券アナリスト），ポートフォリオマネージャー，ファンドマネージャー，クオンツ（計量分析の専門家），ストラテジスト，エコノミストなど多くのものが含まれる。民間資格である証券アナリスト資格試験を取得することで，一定の知識レベルがあることを，顧客からの資金受託のアピールポイントとしている。

わが国においては，社団法人日本証券アナリスト協会が，1978年以降，検定会員資格制度として，教育および試験認定を行っている。

なお，ＣＭＡはCharterd Member of the Security Analysts Association of Japanの略称で，アナリストの先進国である米国公認フィナンシャルアナリスト協会が実施する公認フィナンシャルアナリストＣＦＡ（Charterd Financial Analyst）と区別するために用いられている。しかし，あくまで，ＣＭＡもＣＦＡも民間団体による資格認定である。

試験の全体概要

試験は，１次レベル（第１次試験），２次レベル（第２次試験）ともに，通信教育講座を開講した年の翌年に行われる。通信教育講座の受講を終えないと，受験できない。米国の民間資格に多い方法である。誰でも受験できる代わりに，通信教育等で，一定期間の勉強を求めるやり方である。ただし，１回の受講で３年の間に実施される試験しか受験できない。

第１次試験

第１次試験は，証券分析業務に必要な基礎的な知識および分析力の習得をテストする。通信講座で学習した基礎的な理論，概念，分析ツール等を正確に理解していることが鍵となる。答案用紙にはマークシートが使われ，すべて正解が１つの客観問題となっている。選択肢問題が中心となり，ほかに語句・数字選択（穴埋め）問題などが出題される。

第２次試験

第２次試験は，より高度の知識と実務への応用力をテストする。試験問題は，与えられたさまざまなケースや情報・データを分析し，そこから結論を引きだすものが中心である。したがって多くは記述式の応用問題であり，テキストに書いてあることが必ずしもそのまま引用されるわけではなく，また正解も単純に１つと限られるわけではない。問題のポイントを的確，迅速に把握し，自分の考え，判断で理論的に解答を出すことが必要である。そのためには，平素から事例研究や練習問題を数多くこなしておくことが有益とされる。

第２次試験に合格し，かつ協会の理事会において協会が定める条件を満たすと認められれば，協会の検定会員として入会できる。

通信教育の受講資格

証券アナリストの業務に必要な知識，分析・応用力等の習得を希望する者は，誰でも受講することができ，年齢，学歴などの制限は一切ない。

通信教育講座第１次レベル

証券分析とポートフォリオ・マネジメント，財務分析，経済の３科目で構成されている。受講申込みについては，任意の１～２科目の選択受講，３科目一括受講のいずれも可能である。ただし，たとえば，2020年度講座で１～２科目を選択受講する場合は，2023年度の講座までに残り科目のすべてを受講しなければならない。すなわち，新規に受講開始から４年以内に残りを受講しなければならない。なお，証券分析とポートフォリオ・マネジメントは，中核科目として他の２科目に比べて３倍余の学習量が必要とされる。

2020年度の場合，2020年５月８日から2021年２月１日までの約９か月間が受講申込期間となっている。テキストは４回（6,7,9,11月）に分けて発行され，受講開始の時期までに発行されているテキストが受講者に送付されていく。なお，2021年度から第１次レベル講座は新プログラムへの移行の見直しが進められていることに留意が必要である。

受講料（消費税込）は，一般受講者の場合，３科目一括受講のみで56,500円となる。なお,日本証券アナリスト協会の法人会員･賛助会員になっている会社・団体・機関・学校の役職員（学生を含む）の場合は，受講料の割引制度がある。

受験は，通信教育講座を開講した年の翌年に行われるが，１回の受講で開講時以降３年の間に実施される試験を受けることができる。また，2020年度受講開始の場合の試験は，2021年から３年間，春（４月下旬），秋（９月下旬または10月上旬）の年２回（計６回）の受験機会がある。

試験は，証券分析とポートフォリオ・マネジメントが180分，財務分析，経済がそれぞれ90分で行われる。試験会場は国内９都市（東京，大阪，名古屋，札幌，仙台，金沢，広島，松山，福岡），と海外３都市（ニューヨーク，ロンドン，香港）である。海外勤務に対応した数少ない試験制度といえる。４年以内に全科目合格できなかった場合は，割安な料金の再受講制度も設けられている。

また，受験にあたっては，通信教育の受講料とは別に，受験料が必要となる。

通信教育講座第２次レベル

第２次レベル講座は，上級コースに相当し，証券分析業務に必要な高度の専門知識とその実務的応用力ならびに証券アナリストに要求される職業倫理を身につけることを目的としている。第１次試験に全科目合格（所定の期間の科目別合格の積み上げで可能）しないと受講できない。

講座内容は，証券分析とポートフォリオ・マネジメント，コーポレート・ファイナンスと企業分析，市場と経済の分析，および職業倫理・行為基準の計４科目で構成される。やはり，職業倫理・行為基準以外の３科目のなかでは，証券分析とポートフォリオ・マネジメントが中核科目と位置づけられ，他の２科目にくらべ学習量のウエイトが高くなっている。

通信教育講座の新規申込は，第１次試験の３科目合格後，合格年を含め３年以内に第２次レベル講座の受講開始が必要である。講座の開講期間は８月１日から翌年３月31日で，申込期間は７月15日から翌年３月31日までとなる。したがって，秋試験合格直後に受講を申し込んだ場合は，実際上の受講期間が短縮されることとなる。

受講料は，53,500円（消費税込）で，一括受講のみで，科目別分割受講はできない。

第２次レベルの試験は，年１回，通常６月上旬に，国内（東京，大阪，名古屋，札幌，仙台，金沢，広島，松山，福岡），国外（ニューヨーク，ロンドン，香港）で実施される。

再受講とは，第２次レベル受講後受験機会３年間の試験に不合格（受験しなかった場合を含む）の場合で，再度２次レベル講座を受講し直すこととされる。再受講を申し込まない場合は，第２次レベル講座の受講資格を失い，改めて第１次レベル講座から受講し直さなければならないとされる。これは，第１次レベル合格は，永久有効ではなく，ファイナンス理論や投資技術の発達・進展に対応した知識を身につけるべきとの考え方とされる。なお，再受講料は，45,000円（消費税込）とされている。

ファイナンシャル・プランナー（ＦＰ）

ファイナンシャル・プランナーは，資産運用・金融に関する総合的なアドバイスをする職業・職種を総称する。個人を対象に相談に応ずることが多いが，必ずしも，個人相手に限定されるわけではない。会社（企業）相手のアドバイスを中心に行う法人ＦＰと呼ばれるものもある。

前述のように，米国では，３人の親しい友人のうち，１人はファイナンシャル・プランナーであることが望ましいといわれているように，お金に関する問題は，やっかいであり，また，他人になかなか相談しにくい。しかし，だからこそ，専門家のアドバイスを受け，計画的にものごとを運ぶほうがよい。

ファイナンシャル・プランナーの資格は，法的な独占資格ではないので，資格がないと商売できないというものではないが，やはり，一定の能力・スキルを有することを客観的に証明する手段として，試験を受験し，資格を保持していたほうがよかろう。

特に，金融機関に就職する際は，ファイナンシャル・プランナーの資格を保有していると有利といわれている。それは，従来の金融機関が売りたいお仕着せの商品の販売が，消費者意識の向上や，消費者側の知識が豊富になったことで，容易にはいかなくなり，末永い取引を通じて，顧客の目線で金融商品選択のアドバイスができる人材が求められているからである。もちろん，就職してからの社内教育に基づいて，資格を取得することになるのだが，就職前に持っていれば有利だし，転職の際の武器にもなろう。

資格の種類

①　国家資格であるファイナンシャル・プランニング技能士

2002年に，発足した資格制度で，１級，２級，３級の各ファイナンシャル・プランニング技能士に区分される。試験は，日本ＦＰ協会と，金融財政事情研究会（金財）が実施している。公的資格として金財が実施していた金融渉外技能審査は，行政改革の流れのなかで2001年に廃止，技能士検定に統合された。

金財は，ファイナンシャル・プランニング技能士センターを設置し，ＦＰ技能士に対して継続教育の機会を与えており，認定会員については２年間に１級は20ポイント・２級は15ポイント・３級は10ポイントの継続教育を義務づけている。しかしながら，ＦＰ技能士センターへの入会は任意であると共に，ＦＰ技能士試験合格者が継続教育を受けなかった場合でもＦＰ技能士の資格が剥奪される訳でも，ＦＰ技能士を称することを禁じられる訳でもない。後述のＡＦＰとＣＦＰに資格更新要件として，継続教育が定められているのと対象的である。

②　民間資格であるＡＦＰとＣＦＰ

こちらは，2001年にＮＰＯ法人の認証を受けた（ＮＰＯ法人）日本ＦＰ協会が試験を実施する。なお，２級ＦＰ技能士検定はＡＦＰ認定試験を兼ねる。

ＡＦＰ（普通資格）は，協会に入会し指定研修を修了かつＡＦＰ認定試験（２級ＦＰ技能士検定）に合格すればよい。なお，協会への入会・研修修了・試験合格の前後は問われない。公認会計士および税理士はＡＦＰ認定研修（税理士課程）を修了すれば，ＡＦＰ資格を取得できる。

ＣＦＰ（上級資格）は，協会の実施するＣＦＰ認定試験への合格，合格後に受講する指定研修（エントリー研修）の修了，実務経験などが必要となる。実務経験は，ＣＦＰ認定試験合格日前10年～合格日後５年の間に通算３年間とされる。なお，１級ＦＰ技能士検定はＣＦＰ認定試験を兼ねないが，ＣＦＰ認定者は１級ＦＰ技能士検定のうち学科試験が免除される。

ＡＦＰ・ＣＦＰは，資格更新要件があり，２年ごとに，ＡＦＰは15単位・Ｃ

ＦＰは30単位の継続教育を義務づけている。継続教育を受けないと，資格は更新されない。

試験の概要

学科試験の範囲は，金財・ＦＰ協会共に同一で，ライフプランニングと資金計画，リスク管理，金融資産運用，タックスプランニング，不動産，相続・事業承継について，出題される。

実技試験は，資産設計業務（１級・２級・３級），資産相談業務（１級），個人資産相談業務（２級・３級），中小事業主資産相談業務（２級），生保顧客資産相談業務（２級），損保顧客資産相談業務（２級），保険顧客資産相談業務（３級）から選択する。

なお，日本ＦＰ協会は２級，3級の学科試験と実技試験（資産設計業務）と，1級の実技試験（資産設計業務）を実施している。

３級ＦＰ技能検定（受験資格なし，誰でも受験できる）

学科試験（１・５・９月実施。マークシート方式による筆記試験で，○×式と三答択一式の計60問。試験時間120分。合格基準は60点満点で36点以上）

実技試験の範囲（金財は個人資産相談業務か保険顧客資産相談業務のどちらかを選択。いずれも，１・５・９月実施）（ＦＰ協会は資産設計業務を選択。1・５・９月実施）

実技試験の方法（金財は事例形式の筆記試験。５題出題。試験時間60分。合格基準は50点満点の30点以上）（ＦＰ協会はマークシート方式の筆記試験。試験時間60分。合格基準は100点満点で60点以上）

２級ＦＰ技能検定（金財・ＦＰ協会共実施で受験資格あり。３級ＦＰ技能検定合格者。２年以上のＦＰ実務経験者。日本ＦＰ協会認定研修修了者）

学科試験（１・５・９月実施。マークシート方式による筆記試験で，四答択一式の計60問。試験時間120分。合格基準は60点満点で36点以上）

実技試験の範囲（個人資産相談業務は金財が１・５・９月実施。生保顧客資産相談業

務は金財が１・５・９月実施。中小事業主資産相談業務は金財が１・９月実施。損保顧客資産相談業務は金財が９月実施。資産設計提案業務はＦＰ協会が１・５・９月実施）

実技試験の方法（金財は，事例形式の筆記試験。５題出題。試験時間90分。合格基準は50点満点の30点以上）（ＦＰ協会は，事例形式の筆記試験。４題出題。試験時間90分。合格基準は100点満点の60点以上）

１級ＦＰ技能検定（金財・ＦＰ協会共実施で受験資格あり。２級ＦＰ技能検定合格者で１年以上のＦＰ実務経験者。５年以上のＦＰ実務経験者）

学科試験（金財のみで１・９月実施。基礎編はマークシート方式による筆記試験で，四答択一式の計50問。試験時間150分。応用編は事例形式による筆記試験で５題出題。試験時間150分。合格基準は200点満点で120点以上）

実技試験の範囲（資産相談業務は金財が２・６月実施。資産設計提案業務はＦＰ協会が９月実施）

実技試験の方法（金財は口頭試問形式。試験時間は半日。合格基準は200点満点の120点以上。ＦＰ協会は記述式の筆記試験。２題出題。試験時間120分。合格基準は100点満点の60点以上）

理解度確認の問題

① いわゆる三大国家資格とは何か。

② 会計専門職大学院を何と呼ぶか。

③ 米国で３人の親しい友人を持てと言われるが，どんな友人のことか。

④ 米国公認会計士の資格取得はなぜ注目されているのか。

⑤ 日本の公認会計士試験と比べて，米国公認会計士試験は受かりやすいとされているが，その理由はなぜか。

⑥ 日本の３つの団体が主催している簿記検定の略称をあげよ。

⑦ ビジネス会計検定試験は，どんな能力を判定するものか。

⑧ 税理士の使命は何か。

⑨ 国税専門官とはどんな仕事か。

⑩ 証券外務員はどんな資格か。

解答例

① 公認会計士，医者，弁護士

② アカウンティングスクール

③ 医者，弁護士，ファイナンシャルプランナー（ＦＰ）

④ 経済が国際化したグローバル経済で必要な知識が取得できる資格だから。

⑤ 日商簿記１級と２級の中間レベルの会計知識，英検２級かＴＯＥＩＣ600点レベルの英語知識で，十分合格できるとされているから。

⑥ 日商簿記，全経簿記，全商簿記

⑦ 財務諸表を読み解く能力を判定（検定）する。

⑧ 納税義務者の援助をすることで納税義務を適正に実現し，申告納税制度の適正かつ円滑な運営に資すること

⑨ 国税局や税務署で勤務する，国家公務員のうち税務のスペシャリスト

⑩　金融商品取引業者（旧証券会社）等で，金融商品取引業務を行う者

COLUMN

効率的な資格取得勉強方法

筆者は，会計や金融関係を中心に，学生時代から，いろいろな資格試験にチャンレンジし，これまでに，目標とした資格はほぼ取得することができた。

最近は各種資格の受験本や，資格取得学校が多くなり，資格取得勉強の手段には困らなくなっている。もちろん，勉強の仕方はヒトそれぞれであるが，私が思う効率的な資格取得勉強方法のいくつかをあげてみたい。受験しないと合格はありえないように，とにかく，答案作成のアウトプット練習は必要である。個人的には，テキストよりも，まず，過去問題集を入手した。それを，何も見ないで解き，ついで，いろいろな資料を見て解き，現状の自分の実力を知る。そして，合格答案のレベルまで，どのくらいの勉強時間が必要かを，自分なりの判断でいいので逆算していく。そのため，資格取得学校を利用する場合は，答案練習に重点を置いたスクールを選んだ。米国公認会計士試験は，問題文は英語だし，解答も英語で書く。知識のインプット段階では，日本語訳を借りたほうが，理解は早くなるかもしれないが，実際の試験を想定し，英語で理解し，英語で書けるようにならないと，合格に時間がかかる。さらに，答案用紙に記入できる文章よりも多い知識がないと，答案は書けない。そのため，分厚い，複数のテキストをそろえる人もいるが，アウトプットを考えると，適度に薄い1冊の本を何度も読み込んで，他人に，その内容を話せるようになれば，合格水準まで到達したといえよう。そのためにも，同じ資格の受験仲間がいたほうがよい。大学内にいればいいが，むずかしい場合は，それこそ，資格取得学校で，仲間を見つけるようにすればよい。また，日本の公認会計士試験のように，

難関資格では，合格までに時間がかかる。そのような場合，途中の目標を作って，段階的にチャレンジしていく。日商簿記2級や1級，税理士試験の簿記論と財務諸表論，さらに，最近は，財務諸表を読む力を検定するビジネス会計検定の2級や1級も対象にできよう。しかし，注意を要するのは，日本の公認会計士資格が最終目標なら，途中の目標は，あくまで自分のレベルを試すもので，絶対合格しなければならないとは思わないことも必要である。

第17章 現代会計観

1　現代会計観とは

本章では，現代会計観，すなわち，現代の会計の見方につき，簡単に説明していく。会計の対象は，おもに企業活動や経済活動であり，世の中の動きが変わると，それに対応して，会計の考え方も変わるからである。

よく言われるが，会計は経済実質性を重んじるとされる。それは，会計ルールが明確ではないときには，企業の経済合理性の観点からの，会計処理を行うことが要請されることや，会計は，どちらかというと，法律で明確な形式的規則が必ずしも決められている訳ではないことである。

会計については，会計基準，会計原則，会計規則という種々のルールが設けられているが，ルールはあくまで約束事であり，法律とは異なる。法律とルールはどこが違うかというと，法律には強制力があり，法律を守らなかった場合には，罰科金が課せられたり，場合によっては禁固刑や懲役刑も科されることである。ただし，禁固刑や懲役刑は個人（自然人）のみが対象で，法人（企業や団体等）は罰科金のみが課せられることになる。

会計を理解するには，専門的知識が必要であるし，国会等で時間をとって法律を審議していては，実際の経済活動の変化にも対応できないので，公認会計士協会や，政府とは独立した会計基準設定主体が，経済状況の変化に応じて，会計ルールを機動的に整備することになる。

とはいっても，その会計ルールを策定する根拠となる法律は制定されており，わが国では，会社法監査や，金融商品取引法監査の制度が設けられていて，各種の会計基準は，会社法や金融商品取引法が根拠法といえよう。このように，会計の勉強をする場合でも，法律の考え方の理解は必要であり，近年では法律のなかでも企業会計に関連する法律分野のことを，企業会計法と呼んでいて，これら，法律と会計の両方の考え方を取り入れて研究している人たちもいる。

筆者も，研究テーマの１つが，この企業会計法の分野である。

なお，現在会計観を考える場合に，重要なキーワードは，資産負債アプローチ（ＢＳアプローチ）と，一部時価会計（金融商品時価会計）の２つがあげられよう。

企業が，企業活動の結果を情報開示する際には，貸借対照表（ＢＳ），損益計算書（ＰＬ）が，かつては２大財務諸表であった。最近は，これら２つだけでは十分な開示（ディスクロージャー）ができないということで，キャッシュフロー計算書や，株主資本等変動計算書を加えた４つが必要となっている。

このうち，貸借対照表を重視する場合を，資産負債アプローチ，損益計算書を重視する場合を，収益費用アプローチ（ＰＬアプローチ）とし，過去は，時代の変化に対応して，交互に重視されている傾向があった。現在は，後述する国際会計基準が，資産負債アプローチを採用していることから，貸借対照表上での情報開示が有用となるような会計処理ルールが重要視されているといわれている。

そもそも国際会計基準は，企業活動のグローバル化の進展するなかで，国ごとに異なる会計ルールを統一化し，他国の企業を買収する際に国内企業との比較がしやすくなる点が評価されているといえよう。そのため，国際会計基準は，俗に，Ｍ&Ａのための会計基準ともいわれる。

もう１つは，資産の評価基準である。貸借対照表では，企業が保有している資産（財産）が表示されている。かつては，取得した時の価額，すなわち，取得原価で評価する取得原価主義（原価主義）が，採用されていた。原価主義を採用する根拠は，そもそも企業が保有する資産の主要なものは設備資産であり，売却を前提にしていないので，時価の変動で評価損益を計上するのは好ましくないことや，購入したのは外部の第三者との取引で，購入したときの注文書など文書の証拠が残っており，あとで価格の確認がしやすいことなどがある。

しかしながら，Ｍ&Ａで，他の企業を買収するときは，会社の評価が必要となる。その場合は，資産の評価は過去の購入価格ではなくて，今売ったらいくらで売れるか，今買ったらいくらで買うことになるかという時価である。なので，資産負債アプローチでは時価が重要となる。とはいうものの，市場がなく市場価格の存在していない資産もある。そこで，金融商品のように，金融市場の発達で，市場価格が入手しやすい資産には時価，それ以外の資産には原価で評価する一部時価評価が採用されている。なお，細かい議論は省略するが，現在の会計理論では，時価とは言わず，公正価値（フェアバリュー）と呼んでいる。

2　国際財務報告基準・国際会計基準

現代の会計学の勉強は，経済活動のグローバル化によって，グローバルスタンダードである国際会計基準（ＩＡＳ）や国際財務報告基準（ＩＦＲＳ）の理解なしで進めることは困難である。

なお，ＩＡＳは昔の言い方で，現在ではＩＦＲＳと呼ばれている。しかしながら，ＩＦＲＳは段階的にルールを開発・制定中であり，昔に制定されたＩＡＳの各基準は，新しいルールが制定されるまでは，そのまま有効として取り扱われている。

各国の経済が，自国内の取引だけの鎖国経済であれば，自国の会計ルールだけを学習し，理解すればよいが，ヒト・モノ・カネ・情報の流れが世界にまたがっているなかでは，国際的な基準を標準（スタンダード）にしなければ，第１章で学んだ，会計とは報告することであるという役割を果たすことはできない。そこで，現在，国際財務報告基準として制定されている個別の会計基準と，わが国の会計基準を比較し，その違いをみてみよう。

国際財務報告基準では，以下のようになっている。

国際会計基準書（ＩＡＳ，International Accounting Standards）

第１号　財務諸表の表示（旧：会計方針の開示）

第２号　棚卸資産

第３号　（ＩＡＳ第27，28号により廃止）

第４号　（ＩＡＳ第16，22及び38号により廃止）

第５号　財務諸表に開示すべき情報（ＩＡＳ第１号により廃止）

第６号　（ＩＡＳ第15号により廃止）

第７号　キャッシュ・フロー計算書

第８号　会計方針，会計上の見積りの変更及び誤謬

第９号　（ＩＡＳ第38号により廃止）

第10号　後発事象

第11号　工事契約

第12号　法人所得税

第13号　流動資産及び流動負債の表示（ＩＡＳ第１号により廃止）

第14号　セグメント別報告（ＩＦＲＳ第８号により廃止）

第15号　物価変動の影響を反映する情報（廃止）

第16号　有形固定資産

第17号　リース

第18号　収益

第19号　従業員給付

第20号　政府補助金の会計処理及び政府援助の開示

第21号　外国為替レート変動の影響

第22号　企業結合（ＩＦＲＳ第３号により廃止）

第23号　借入費用

第24号　関連当事者についての開示

第25号　（ＩＡＳ第39，40号により廃止）

第26号　退職給付制度の会計及び報告

第27号　連結及び個別財務諸表

第28号　関連会社に対する投資

第29号　超インフレ経済化における財務報告

第30号　銀行及び類似する金融機関の財務諸表における開示（ＩＦＲＳ第７号により廃止）

第31号　ジョイント・ベンチャーに対する持分

第32号　金融商品：表示

第33号　１株当たり利益

第34号　中間財務報告
第35号　事業廃止（ＩＦＲＳ第５号により廃止）
第36号　資産の減損
第37号　引当金，偶発負債及び偶発資産
第38号　無形資産
第39号　金融商品：認識及び測定
第40号　投資不動産
第41号　農業

これら41の基準（廃止されたものも含む）を見て思うことは，第41号農業の会計ルールが存在することと，私の研究テーマの１つである信託関係のルールが，国際会計基準に存在しないことの２つである。

まず，第41号の農業会計であるが，世界には，農業国といわれる国が多い。日本では，最近，ようやく農業の法人化（会社化）が一部認められるようになったが，世界では，大規模農業や，ビジネスとしての農業が主流であり，当然，農業会計のルールの世界的統一化が要請され，国際会計ルール化が必要とされているものと思われる。

一方，信託は，財産管理制度の１つの法的しくみであり，英国で誕生し，米国で発展した英米法の考え方とされる。これは財産管理の仕組みで，富の蓄積，つまり，国が豊かになり，国民も富裕層ならずとも，老後生活はつつがなく過ごせるような公的年金制度に加えて，個々人が老後資金を自分で準備するなど，ある程度の資産形成・資産蓄積に対応した財産管理制度である。世界の約200か国のうち，信託法が制定されているのは約50カ国で，日本のみならず，韓国や中国でも信託法は制定されている。しかしながら，わが国では，最初の信託法が制定されたのは1922年で，2007年に約80年ぶりの大改正が行われているが，韓国や中国では信託法が制定されたのはそんなに古くない。したがって，信託会計ルールの国際的統一化の前に，世界各国に信託制度が普及することが先決という状況である。

3　わが国の会計ビッグバン

会計ビッグバンは，金融ビッグバンの会計版で，わが国では，経済のグローバル化の流れのなか，会計基準の国際的統一化（グローバルスタンダード化）を図るべく，1990年代後半から，2000年代前半にかけて行われた。ビッグバンとは，もともと宇宙創造時にあったといわれる大爆発のことだが，それが転じて大改革の実施を示している。よって，金融ビッグバンは金融市場（制度）の大改革，会計ビッグバンは会計制度の大改革を意味する。

よく，企業経営を考えるときに，自らの保有する経営資源を3区分（ひと，もの，かね）するが，近年では，4区分として，3区分に情報（ノウハウ，知識）を加えている。一連の会計ビッグバンで，かなりの会計基準が制定されたが，4区分に対応した会計基準は以下のようになる。

経営資源の区分に対応する会計基準

区分	主な会計基準等
ひとの会計	退職給付会計（人件費に関する会計）
ものの会計	固定資産の減損会計（保有設備資産に関する会計）
かねの会計	金融商品会計（保有金融商品に関する会計）
情報の会計	研究開発費会計（研究開発や取得した知的財産権に関する会計）

ヒトの会計に含まれている退職給付会計とは，従業員等の退職に起因する雇用先企業（会社）が従業員等に対して，退職後に支払うべき，退職一時金，退職年金，退職後の医療共済の給付などの会計処理をどのように行うかにつき規定している。わが国では，国民皆保険である国民健康保険制度が充実していることもあり，また，バブル景気以降，企業のリストラ対応で，退職後の会社別や業種別組合健保への加入率が減少したこともあり，加入の割合が減っているので，金額的には，些少で無視できるが，本来は，退職後のフリンジベネフィットであっても，退職を起因として会社負担しなければならないすべての退職給付を退職給付会計の対象にしなければならないとされている。米国の退職給付

会計では，この退職後医療共済への会社拠出金を対象としているが，わが国では対象外であり，退職給付債務は，過少表示ともいえる。

また，わが国で，退職給付会計が導入されたのは，1998年に公表された企業会計審議会の「退職給付に係わる会計基準の設定に関する意見書」に基づき，2000年４月１日以降開始する事業年度からだが，1980年代後半の株と不動産の値上がりを中心としたバブル経済が崩壊し，長引く平成不況で，今に続く低金利時代であったことが，退職給付会計の導入にあたり，議論を呼んだ。

それは，金利水準が低いことから，運用される年金資産の期待収益率が低くなると同時に，退職給付債務の現在価値を計算するうえにおいても，低い割引率の採用で，現在価値が大きくなることから，バランスシート（貸借対照表）に計上される金額が巨額になると懸念されのである。ちなみに，それまでの会計処理では，特に退職一時金部分を中心に積立不足があり，証券取引所に上場している全国の企業で，合計で約60兆円の隠れ債務が推定されると，マスコミ報道されていた。

同様に，ものの会計の対応として導入された固定資産の減損会計についても，要するに，それまでの取得原価主義のもとでは，バブル経済期に高値で購入した土地と建物の価格が，実際は地価が下落しているにもかかわらず，高い価格のままで，バランスシート（貸借対照表）に計上されており，バランスシートは実態を表しておらず，信頼性が得られないということが導入の理由であった。

建物の取得原価は，減価償却の手続きを経て，毎年，減価償却費として費用配分されていくので，バランスシート上の表示価額（帳簿価額）は減額されていくが，土地は，非償却資産（ほかに借地権も）であるため，減価償却は実施されない。したがって，地価の強烈な値下がりで，ピークの10分の１などという土地も出てきて，銀行が土地を担保にお金を融資しようにも，バランスシートの数字は全くあてにできないということが続出するに至った。

このように，わが国では，会計ビッグバンによる新しい会計基準の導入は，単なる会計処理の問題にとどまらず，企業経営に大きな影響を及ぼす悪い制度改革（負のイメージ）がつきまとうものであった。

しかしながら，米国での新たな会計制度の導入は，日本とは異なるものであった。減損会計でいえば，米国では，企業業績が良くないとすぐにトップである経営者の首をすげ替える。新しい経営者は，短期志向の業績（パフォーマンス）向上をもくろんで，これまでの企業のうみをすべて出してしまおうと考え，必要以上のリストラ（企業の構造改革）で，固定資産売却損・除却損，特別償却などで，保有資産を身軽にしたり，簿価の引下げを行う。そうすると，リストラを実施した翌年度は，これ以上の損失はもはやありえず，また，低くなった簿価に基づいて計算される減価償却費も少額となり，減価償却費負担も軽減される。その結果，固定費が低くなり，利益が計上しやすくなる。

このような行き過ぎたリストラをさせないように，固定資産の減損会計が導入された。それまでは，減損会計基準がなかったため，企業は経営者の判断で自由に減損処理を行っていたのである。減損処理とは，簡単にいうと，時価と簿価を比べて，時価が簿価を上回る場合は，簿価のままで何の会計処理も行わないが，時価が簿価を下回る場合は，簿価を時価まで引き下げて，減損損失を計上する会計処理である。これを適用し，新たな経営者は身軽になったコスト（費用）負担から，急に業績がよくなるＶ字回復を演出したのである。

また，退職給付会計についても同様である。米国では，それまでも年金会計基準はあったが，1985年に公表されたＳＦＡＳ87号（年金の会計）により，年金債務の計算と，制度資産の測定に公正価値（いわゆる時価）の要素が導入された。それまでの1970年代後半から1980年代前半にかけては，簿価ないし，年金数理の数字をもとにした年金資産の評価が行われていた。それで，何が起こったかというと，保守的な年金数理の計算による年金債務にくらべて，年金資産が過剰積立となり，企業のなかには，わざと年金制度を終了させて，その過剰積立部分を企業の特別利益に計上することが行われたのである。つまり，年金資産は誰のものかということが大きな問題となり，そのために，正確な資産内容を把握すべく時価評価が求められたのである。

もともと，米国企業は，わが国の企業と違い，株式の持合いや，余剰資金による有価証券投資という慣行はなく，従業員のための年金制度がいつのまにか，自社の資産運用の代替手段のような形になっていった。この行き過ぎた年金運用あるいは，年金制度を利用した企業業績嵩上げ（年金基金解散益の計上）を規制することも１つの目的として，新たな年金会計基準が導入されることとなったのである。

このように，会計基準の導入１つをとっても，国や時代背景が異なるとその対応も変わってくることに留意すべきと思われる。

4　年金資産の時価評価について

わが国の退職給付会計は，1998年に公表された企業会計審議会の「退職給付に係る会計基準の設定に関する意見書」が，その起源であり，意見書に続いて策定された退職給付に係る会計基準の最初の規定が重要とされる。そこでは，退職給付債務とは，一定の期間にわたり労働を提供したこと等の事由に基づいて，退職以後に従業員に支給される給付（退職給付）のうち認識時点までに発生していると認められるものをいい，割引計算により測定されるとしている。

退職給付会計や年金会計につき，長年，この分野の研究を続けられてきた今福教授は，年金の会計学は，①年金コストではなく年金債務から出発するという意味で，費用収益ではなく資産負債を基礎とする，②将来の給付を割引計算によって現在の価値で測定するという意味で，キャッシュフローにかかわる現在価値を基礎とする，③財務報告利用者への新たなディスクロージャー（企業情報開示）のあり方を主題の１つにしている，と３つの特徴をあげられてる。

このように，年金資産の時価評価の問題は，まずは，貸借対照表の負債サイドである退職給付債務をどのように把握し，情報開示のためにどのように開示するかという点を考えることから出発することになる。

そもそも，退職給付債務とは，どのようなものであろうか。

前述のように，退職以後に従業員に支給される給付（退職給付）のうち認識時点までに発生していると認められるものをいい，割引計算により測定されるとされていて，2段階の計算をしなければならないことになる。

退職以後に従業員に支給される給付のうち，たとえば，退職一時金であれば，定年による会社都合の退職金と，定年直前に自己都合で退職する場合の退職金では，通常，かなりの金額が異なる。これは自己都合の場合は，退職金の計算方法が異なるのが通例だからだ。その場合，自己都合での退職の可能性と，定年退職での退職の可能性を何らかの方法で見積もって，その確率で加重平均することが考えられる。しかも，今度はその加重平均値から，将来の退職給付のために積み立てられた年金資産（制度資産）の金額を控除した差額を，貸借対照表に計上することになる。積立不足の場合は，退職給付債務が，負債の部に計上されることに何ら問題はないのだが，積立超過の場合は，その計上は，資産性に問題があるとして，無条件に資産の部に計上されるのではなく，一定の要件を充足する場合のみ，何らかの表示科目で，年金制度の実施母体である会社の貸借対照表の資産の部に計上されることになる。

会計は，もともと，委託された仕事（職務）の結果を情報開示するための報告手段であり，会計の歴史と，会社の発展の歴史は密接に結びついてる。

会社，特に，株式会社制度では，広く，多数の人々から出資（資金）を集めて，何らかの目的の事業を行う。そして，その資金を提供した人々（株主）に対して，提供された資金の使い道，資金を利用して得られた成果（損益）を報告するのが，会計報告なのである。会計は，一部法律の規制を受けているものもあるが，会計基準は基本的には法律の形で制定されておらず，会計を利用する人々のいわばコンセンサスであり，ルールの遵守には，原則として法的な強制力・執行力を有しないのが通常である。ここに，会社法（旧商法），金融商品取引法（旧証券取引法），税法（法人税法など）といった確固たる法律とは異なり，俗に，この3つの法律のどれに準拠して貸借対照表などを作成するかの三すくみとなる会計のトライアングルの問題が生じているとされている。

とにかく，情報提供さえすればいいという考え方であれば，退職給付債務も，年金資産の両方とも，貸借対照表に計上せずに，財務諸表の注記として，制度の内容や金額などを開示すれば十分であるという考え方もある。そこでは，財務諸表の利用者は，その開示された情報をもとに，現時点での年金資産の積立率（ファンディング比率）を把握すれば十分というものである。その場合，現時点の情報しか把握できないので，年金資産のおおまかな資産構成（運用資産のカテゴリーごとの組入比率）や，期待運用収益率，退職給付債務では，平均勤続年数，最大限で支払うことになる予測給付債務などの付加情報を開示し，財務諸表の利用者が自ら，その開示された情報に基づき，自分自身で情報を加工・意思決定していけばいいというものである。

しかしながら，国際会計基準では，できるだけシンプルな情報開示，しかも，追加情報なしに，容易に財務諸表の内容が理解できるという方向を目指しており，どちらかといえば，注記ではなく，一定の会計基準に基づいた，オンバランス（貸借対照表上に計上すること）での退職給付会計が要請されている。

これは，会計の基本的な流れが，従来の収益費用アプローチおよび取得原価主義会計から，資産負債アプローチおよび時価会計に変わっている現在の状況を表したものとされている。

米国では，1985年に公表された概念基準書第６号で，資産負債アプローチの考え方が表明され，その後，個別の会計基準では，資産負債アプローチが徐々に導入されていっている。資産負債アプローチは，収益と費用が表示される損益計算書よりも，資産と負債が表示される貸借対照表を重視する考え方である。その帰結として，貸借対照表で表示される資産や負債が正しい評価となっているかの観点から，時価会計が徐々に導入されていっている。

しかし，ここでいう時価会計とは，いわゆる全面時価会計ではない。現在の時価会計は，公正価値評価の会計とされている。実際には，何が公正価値かの判断はかなりむずかしい。市場価格のあるものは，市場価格で評価されることになるが，世の中，市場で取引されておらず，市場価格のないものもある。また，市場価格と一言で言っても，いわゆる購入価格（入口価格）と，売却（処分）価格（出口価格）の２種類がある。どちらを採用するかで，評価金額は異なる。

また，株式など有価証券も，大口の機関投資家が，買いに行けば，市場価格は値上がりし，売りに行けば，市場価格が値下がりするのはよく知られている。

そこで，わが国の企業会計では，売買目的ではないその他有価証券で，市場価格のあるものにつき，継続適用を条件に，期末前１カ月の市場価格の平均に基づいて，時価を算出することも認められている。このように，公正価値（市場価格）で評価するといっても，市場価格が完全ではないこと，公正価値には，客観的なものがないことは，十分承知のうえで，それでも，従来の取得原価主義と，現在の時価評価（公正価値）を比較した場合，現在の時価評価（公正価値）に歩がありと認識しているのが，現行の会計基準策定者たちの考え方ではないかと思われる。

このように，現行の会計実務では，年金資産は会社のものではないこと，時価評価の方法がむずかしいことなどを理由に，貸借対照表の資産の部に計上されず，退職給付債務から年金資産部分を控除（相殺）して，退職給付債務を表示することとされているが，年金資産を貸借対照表に表示するという会計基準のルールが仮に策定されるならば，今一度，退職給付会計につき，十分に議論し，利害関係者のコンセンサスの形成が必要であろうと思われる。

理解度確認の問題

① 法律とルールの大きな違いは何か。

② 企業会計法とはどのようなものか。

③ 資産負債アプローチとは何か。

④ 収益費用アプローチとは何か。

⑤ 4大財務諸表をあげよ。

⑥ 国際会計基準は俗に何のための会計基準といわれるか。

⑦ 取得原価主義と時価主義の違いを述べよ。

⑧ 信託とはどのような制度・しくみか述べよ。

⑨ 会計ビッグバンとは何か。

⑩ オンバランスとは何か。

解答例

① 法律には強制力がある。守らないと罰科金が課せられたり，場合によっては禁固刑や懲役刑も科される。

② 企業会計に関連する法律分野で，会社法や金融商品取引法があげられる。

③ 資産や負債を表示する貸借対照表を重視する考え方

④ 収益や費用を表示する損益計算書を重視する考え方

⑤ 貸借対照表，損益計算書，キャッシュフロー計算書，株主資本等変動計算書

⑥ M&A（企業買収）のための会計基準。資産負債アプローチを採用している。

⑦ 取得原価主義は，取得した時の価額で資産を計上する。資産は売却を前提していないとする。時価主義は，資産の評価を時価で行う。時価評価を行うごとに，評価損益が計上される。

⑧　財産管理制度の法的しくみで，英国で誕生し，米国で発展した英米法の考え方とされる。

⑨　地球の誕生は，宇宙創造時のビッグバン（大爆発）によるとされているが，転じて，会計制度の大変革を会計ビッグバンと呼ぶようになった。

⑩　貸借対照表に計上する（認識する）こと。

COLUMN

信託は財産管理制度の法的しくみとされる理由

信託は，文字どおり，信じて託するというのが一般的意味である。わが国の現行の信託法では，信託とは，「特定の者が一定の目的（専らその者の利益を図る目的を除く）に従い財産の管理又は処分及びその他の当該目的の達成のために必要な行為をすべきものとすることをいう（信託法第2条第1項）。」と定義されている。

法律用語なので，少しむずかしいかもしれないが，簡単に言うと，信託とは，信託する者（委託者）が，信託を引き受ける者（受託者）に，ある一定の目的（信託目的）に従って，信託財産を管理・運用・処分してもらう制度である。

信託制度を実現するのは，誰か，財産を持っている人（委託者）がいて，その人が自分で財産管理する時間がないか，あるいは，自分自身以上に，うまく財産管理（賃貸目的の不動産なら，もらえる賃料収入が高くなるような人に貸し出すなど）してくれる人（受託者）に，信託財産を管理・運用・処分してもらう制度になる。この場合，信託目的は，賃貸目的の不動産を貸すのに，もらえる賃料収入がなるべく高くなるようにすることとなろう。しかし，これだけが目的なら，信託を活用しなくても，民法上の代理や寄託などの他人に管理してもらう制度でも可能である。しかし，信託が，代理や寄託と異なる点は，代理や寄託では，財産権（所有権）はあくまで本人に帰属したままであるのに対し，信託では，財産権自体が委託者から受託者に移転する。しかも，信託の場合は，通常は，信託の利益を享受する者（受益者）は委託者となるが，委託者以外の第三者を受益者に指定することができる。祖父が，賃貸不動産を信託し，賃貸不動産は，自分のものとキープしつつ，賃貸収入のいくらかを，孫の教育資金として援助することができる。このように，契約の場合は，権利と義務の2者の関係しかないが，信託の場合は，委託者，受託者，受益者と3者の関係となる。したがって，信託関係を会計処理する信託会計でも，これらの法的しくみを考慮した会計処理を考えていく必要がある。筆者は，信託銀行に勤務した経験を活かして，ライフワークとして，信託会計の研究に取り組んでいる。

索　引

＜著者紹介＞
鯖田　豊則（さばた　とよのり）
昭和31年（1956年）生まれ，京都府出身
昭和54年（1979年）滋賀大学経済学部卒，住友信託銀行入社。
大和証券ＳＭＢＣ勤務を経て，現在，東京国際大学商学部・商学研究科教授。
公認会計士，中小企業診断士，日本証券アナリスト協会検定会員。
国際経営学修士（青山学院大学）。企業法学修士（筑波大学）。

著書：『お金の社会学』（単著，2015年，同友館）
『ヒトとモノを引き継ぐ事業承継講義』（単著，2014年，税務経理協会）
『事件に学ぶ監査の役割・ルール』（単著，2013年，同友館）
『要点解説100信託実務がわかる』（単著，2008年，税務経理協会）
『会社を目利きする50のポイント』（単著，2007年，税務経理協会）
『信託の会計と税務（第2版）』（単著，2016年，税務経理協会）
『企業の目利き・改定版』（単著，2008年，アイ・イー・シー，通信教育教材）
『連結決算書がわかる本』（共著，1999年，日本能率協会マネジメントセンター）
『証券仲介業務に強くなる本』（共著，2004年，金融ブックス）
『信託の法務・税務・会計』（共著，2007年，学陽書房）
『信託・証券化ファイナンス』（共著，2008年，慶應義塾大学出版会）
『企業法学の展望』（共著，2013年，北樹出版）
『実践解説信託法Ｑ＆Ａ』（共著，2008年，ぎょうせい）
『ＴＡＸ＆ＬＡＷ非公開会社の実務と対策』（共著，2006年，第一法規）
『ＴＡＸ＆ＬＡＷ企業承継の実務と対策』（共著，2008年，第一法規）
『中小企業のための事業承諾の実務』（共著，2017年，中央経済社）

著者との契約により検印省略

平成21年３月30日　初 版 発 行
平成27年１月30日　第２版発行
令和２年10月10日　第３版発行

会計・ファイナンス入門
【第３版】

著　　者　鯖　田　豊　則
発 行 者　大　坪　克　行
印 刷 所　光栄印刷株式会社
製 本 所　牧製本印刷株式会社

発行所　東京都新宿区下落合2丁目5番13号　株式会社　税務経理協会

郵便番号　161-0033　振替　00190－2－187408　電話（03）3953－3301（編集部）
ＦＡＸ（03）3565－3391　（03）3953－3325（営業部）
URL　http：//www. zeikei. co. jp/
乱丁・落丁の場合はお取替えいたします。

ISBN978-4-419-06759-5　C3034